AF568790

Über die Autorin:

Nadja Dietrich hat lange in Russland gelebt und gearbeitet. Heute lebt sie als freie Autorin in Lothringen. Der vorliegende Roman ist nach *Das russische Labyrinth* (2008) und *Mord im Reichstag* (2017, überarbeitete Fassung 2022) ihre dritte Veröffentlichung bei Literatur-Planet. Ein Interview zu dem Roman findet sich auf *rotherbaron.com*.

Nadja Dietrich

Kaiserhorst

Kriminalroman

LiteraturPlanet

ISBN 978-3-9825751-1-7

www.literaturplanet.de

Erste Auflage 2024

Titellayout: Roland Eggers

Druck: TZ-Verlag und Print GmbH, Roßdorf

Abbildungen: siehe Bildnachweis

Cover-Bild: Abraham Pether (1756 – 1812): Pendragon Castle bei Mondschein (National Trust / Wikimedia Commons)

Titelbilder zu den einzelnen Romanteilen:

I. In der Psychiatrie: ID 8385: Kopf (Pixabay)
II. In den Bergen: Leonhard Niederwimmer: Berghütte (Pixabay)
III. In einem Hotelzimmer: Armelion: Wendeltreppe am Dubliner Trinity College (Pixabay)
IV. Im Tagungshotel "Kaiserforst": J.M.W. Turner (1775 – 1851): Dolbadern Castle (1800); Wikimedia commons

Inhalt

Vorwort der Herausgeberin

Vor ein paar Wochen habe ich Post von einem Notar erhalten. Darin teilte dieser mir mit, dass einer seiner Mandanten, Herr Carlo Iskalzi, ihm den Auftrag erteilt habe, mir beiliegendes Manuskript zu schicken, sollte er auf ungeklärte Weise aus dem Leben scheiden oder verschwinden. In letzterem Fall sei eine Frist von sechs Monaten, gerechnet vom Tag des Bekanntwerdens des Verschwindens an, einzuhalten. Da diese Frist nun abgelaufen sei, erhielte ich in der Anlage das in Frage stehende Manuskript.

Von dem Fall der beiden Verschwundenen hatte ich schon etwas gehört. Er war recht spektakulär gewesen, weshalb in den Medien ausführlich darüber berichtet worden war. Herr Iskalzi und seine Freundin hatten sich, nachdem sie schon einige Zeit zusammengelebt hatten, das Jawort gegeben. Während ihrer Flitterwochen auf einem Kreuzfahrtschiff waren sie in Neapel an Land gegangen und dort nach einem Tagesausflug nicht mehr zum Schiff zurückgekehrt. Die Suche nach ihnen blieb erfolglos und wurde schließlich abgebrochen.

Das spurlose Verschwinden des Paares hatte zu wildesten Spekulationen Anlass gegeben. Viele waren überzeugt, die Camorra müsse ihre Hände im Spiel haben, andere munkelten von nordafrikanischen Banden, wieder andere gingen von einem banalen Raubmord oder Badeunfall aus.

Als Wochen später Berichte auftauchten, wonach das Paar angeblich auf Malta gesichtet worden sei, hatte auch das wieder die Gerüchteküche angeheizt. Manche sahen in dem Paar nun Steuerflüchtlinge, die ihr Verschwinden nur inszeniert hätten, andere meinten, sie wären in ein Zeugenschutzprogramm aufgenommen worden, um Mafia-Verbrechen vor Gericht zu bringen. Nachdem auch diese Welle medialer Erregung wieder abgeebbt war, hatte ich den Fall schließlich vergessen – bis ich den Brief von dem Notar erhielt.

Was ich nicht verstehe, ist, warum der Autor ausgerechnet mich als potenzielle Empfängerin seines Manuskripts angegeben hat. Weder habe ich mich intensiver mit Vorfällen der Art, wie sie Herr Iskalzi in seinem Manuskript beschreibt, auseinandergesetzt, noch bin ich mit dem Autor oder seiner Frau persönlich bekannt. Ich kann nur mutmaßen, dass Herr Iskalzi mich vielleicht besser zu kennen meint, als ich ihn kenne.

Dennoch konnte ich dem Autor seine (posthume?) Bitte, für eine Veröffentlichung seines Manuskripts zu sorgen, selbstverständlich nicht abschlagen. Allerdings sah ich mich dabei vor ein Problem gestellt: Offensichtlich war Herrn Iskalzi vor allem daran gelegen, die in der Tat ungeheuerlichen Geschehnisse, von denen er in seinem Manuskript berichtet, öffentlich zu machen. Nun handelt es sich aber bei dem Manuskript um ein Tagebuch – und das ist etwas ganz anderes als ein Tatsachenbericht.

Während Letzterer sich auf die wesentlichen Ereignisse konzentriert, enthält ein Tagebuch auch zahlreiche sehr private, subjektive Aussagen, Meinungsschnipsel und emotionale Momentaufnahmen, die unter Umständen eine ablenkende Wirkung entfalten können. So sah ich mich mit der Frage konfrontiert, ob ich hier nicht redaktionell eingreifen, sprich Kürzungen vornehmen sollte.

Am Ende habe ich mich aber nur dazu durchringen können, die einzelnen Abschnitte des Tagebuchs, der besseren Übersicht halber, durch Ortsangaben und Zwischenüberschriften kenntlich zu machen. Außerdem habe ich die an einigen Stellen dem Tagebuch beigefügten Schriftstücke kursiv gesetzt. Von Streichungen habe ich dagegen abgesehen.

Der Hauptgrund für meine Skrupel in dieser Hinsicht war, dass vieles von dem, was mir anfangs entbehrlich erschien, beim zweiten Lesen doch eine untergründige Beziehung zu den geschilderten Ereignissen offenbarte. Vor allem aber hätte ich mich mit dem Rotstift in der Hand gefühlt, als würde ich nachträglich ein fremdes Leben zensieren.

Das Leben eines Menschen erschöpft sich nun einmal nicht in einer einzigen Geschichte. Vielmehr entsteht erst aus der Summe der vielen Geschichten, die es erzählt oder in die es eingeflossen ist, die einmalige, unverwechselbare Signatur des gelebten Lebens.

So hoffe ich, dass auch in diesem Fall all die zunächst dissonant wirkenden Ich-Fragmente am Ende doch zu einer gemeinsamen Melodie zusammenfließen.

I. In der Psychiatrie

1. Der Weg in die Psychiatrie

Donnerstag, 3. November

Manchmal stelle ich mich vor den Plastikspiegel neben dem vergitterten Fenster und brülle mich selbst an. Meistens gebe ich dann nur unartikulierte Laute von mir – und auch das nur ganz kurz, um nicht wieder von starken Armen gepackt, ans Bett gefesselt und mit einer Spritze in den Dämmerzustand versetzt zu werden, in dem hier alles Leben versunken ist.

Zuweilen senke ich aber auch unvermittelt die Stimme, umfasse den Spiegel mit beiden Händen und sehe mir direkt in die Augen. Schwer atmend frage ich mich dann: "Was hast du nur getan? Ist dir überhaupt klar, wo du hier gelandet bist? – In – der – Psy – chia – trie! Als – Geis – tes – ge – stört – ter!"

Dabei tasten meine Blicke forschend über die Landschaft meines Gesichts: die Wangentäler, den Lippengrat, das hell schimmernde Wangenmoos, die dunklen Schluchten unter den blauen Augenseen, die Macchia meiner schulterlangen Haare …

Nein, es ist eine eher unwirtliche Landschaft, die sich hier dem Auge bietet. Ich habe einfach keine Lust mehr, den Schein eines einladenden Äußeren in mein Gesicht zu zaubern. Wozu auch? Für wen denn? Weshalb sollte ich in einer feindseligen Umgebung Offenheit und Entgegenkommen ausstrahlen? Würde ich damit nicht sogar die letzte Bastion des Selbstschutzes aufgeben? Andererseits: Werde ich so nicht dem Bild immer ähnlicher, das man hier von mir entworfen hat?

Ja, ich bin zu weit gegangen. Ich hätte auf Esther hören sollen. Immer wieder hat sie mich vor Leppin gewarnt, vor den Netzwerken, über die er die Dinge in seinem Sinne beeinflussen kann. Es war leichtsinnig von mir, nicht von ihm abzulassen, immer neue Versuche zu starten, ihn aus der Reserve zu locken.

Aber was hätte ich denn sonst tun sollen? Leppin war und ist nun einmal das einzige Puzzlestück, das ich in den Händen halte. Nur über ihn kann ich der Lösung des Rätsels näherkommen, in das ich so plötzlich hineingestürzt bin.

Nie hätte ich gedacht, dass ausgerechnet ich, der ich die Jagd schon immer verabscheut habe, mich einmal so brennend für eine Jagdhütte interessieren würde.

Habe ich wirklich "brennend" geschrieben? Erstaunlich, dass ich den Ausdruck noch so unbefangen verwenden kann …

Wie auch immer: Die Jagdhütte ist nun einmal der Ort, wo alles begonnen hat, das Sternentor, durch das ich in ein Paralleluniversum geschleudert worden bin, in dem alles so aussieht wie in meiner früheren Welt, in dem nichts sich verändert zu haben scheint und wo auch ich mich so fühle wie immer – nur dass meine Umgebung in mir dort einen anderen sieht.

Von Anfang an war klar, dass ich die Anschuldigungen gegen mich nur aus der Welt schaffen könnte, wenn es mir gelänge, den Besitzer der Jagdhütte ausfindig zu machen. Schon das erforderte eine ziemliche Wühlarbeit. Meine Anfragen bei Bürgerbüro, Grundbuch- und Katasteramt liefen alle ins Leere: "Datenschutz, Sie verstehen …"

Zum Glück war jedoch Esthers Chef, ein Rechtsanwalt, Mitglied der zuständigen Jagdgenossenschaft. Auf diese Weise bin ich schließlich doch noch an den Namen des Besitzers gekommen. Es handelte sich um niemand anderen als um Bruno Leppin, den bekannten Abgeordneten, der gerade seine erneute Kandidatur für einen Sitz im Parlament bekannt gegeben hatte.

Leppin hatte ich an dem fraglichen Abend nicht in der Jagdhütte gesehen – zumindest konnte ich mich nicht daran erinnern. So bestand durchaus die Möglichkeit, dass er mit der ganzen Sache gar nichts zu tun hatte. Warum also, dachte ich mir, sollte ich dann nicht einfach mit ihm darüber reden? Vielleicht würde ich bei ihm ja sogar auf mehr Verständnis stoßen als bei der Polizei. Müsste er als Besitzer der Jagdhütte nicht sogar ein besonderes Interesse an der vollständigen Aufklärung der Vorkommnisse haben?

Ich hätte es besser wissen müssen … Leppin erwies sich als genau der arrogante Schnösel, als den ich ihn von seinen Auftritten im Parlament und in den diversen Talkshows kannte. Als ich ihn nach einer Wahlkampfveranstaltung auf mein Anliegen ansprach, ließ er mich einfach stehen.

"Besprechen Sie das bitte mit meinem Anwalt", beschied er mich – und verschanzte sich dann hinter seiner Bodyguard-Wand. Bei einem zweiten Versuch, in seine Nähe zu kommen, schob diese Wand sich sogar schon vor mich, bevor ich Leppin überhaupt erreicht hatte.

So griff ich schließlich zu einer List: Ich gab mich seinem Büro gegenüber als Reporter aus, der für eine bekannte Tageszeitung arbeite. Diese Schein-Identität öffnete mir problemlos die Tür zum Allerheiligsten. "Ja", versicherte mir die Büroleiterin mit ausgesuchter Höflichkeit, "Herr Dr. Leppin ist gerne bereit, Sie für ein Interview zu empfangen." Ich solle nur bitte die Fragen vorher einreichen.

Da ich ohnehin nicht vorhatte, Leppin zu interviewen, formulierte ich schlicht sein Wahlprogramm in eine Interviewskizze um. Das ging natürlich ohne Beanstandung durch. Dann maskierte ich mich mit einer dunklen Perücke und einer randlosen, leicht abgedunkelten Brille.

Tatsächlich gelang es mir so zunächst, Leppin zu täuschen. Als eine seiner Minirock-Hostessen mich in sein Büro führte, schenkte er dem vermeintlichen Interviewer sein professionellstes Politikergrinsen. Ich wartete, bis das Püppchen uns Kaffee und Kekse serviert hatte, dann sprach ich ihn noch einmal auf seine Jagdhütte an.

Ich sehe ihn noch genau vor mir, wie er in seinem holzgetäfelten Büro hinter dem Schreibtisch thront und seinen Ärger mit selbstgefälliger Belustigung zu kaschieren versucht … Er wischte sich demonstrativ einen Fussel von seinem Jackett, das wie immer modische Anklänge an ein Trachtenjankerl aufwies, dann grinste er mir höhnisch ins Gesicht: "Aha – ein fingiertes Interview … Raffiniert … Aber was, wenn der Interviewpartner nicht mitspielt? Wenn er ganz einfach die Polizei ruft, um den Eindringling abführen zu lassen?"

"Ich möchte doch nur mit Ihnen reden!" wehrte ich mich. "Ich verstehe gar nicht, was daran so schlimm sein soll. Es geht ja nur um eine ganz banale Auskunft: Ich möchte lediglich wissen, ob Sie …"

Aber Leppin ließ mich nicht ausreden. "Frau Schneider", schnarrte er in die Gegensprechanlage, "unser Gast möchte gehen. Das Interview ist beendet."

Wenige Sekunden später betrat das Bürohäschen in Begleitung der lebenden Schrankwände das Zimmer, und ich wurde wortlos hinauskomplimentiert. Am nächsten Tag erhielt ich ein Schreiben von Leppins Anwalt, in dem dieser mir unter Androhung diverser Gemeinheiten untersagte, mich seinem Mandanten weiterhin zu nähern.

Esther riet mir daraufhin eindringlich davon ab, meinen Feldzug gegen Leppin fortzusetzen. Ich solle erst einmal die Gerichtsverhandlung abwarten. Da müsse Leppin schließlich unter Eid aussagen – mit den richtigen Fragen würde ein guter Anwalt ihn da schon zum Sprechen bringen.

Sie hatte natürlich Recht. Ich aber wollte und konnte jetzt nicht mehr zurückstecken. Leppins herablassende Art stachelte mich erst recht dazu an, die Auseinandersetzung mit ihm zu suchen. Jetzt wollte ich ihn nicht mehr nur zur Rede stellen. Jetzt wollte ich ihn bloßstellen. Seine Weigerung, mit mir zu reden, deutete ich als eine Art Schuldeingeständnis. Warum sollte er alle Gesprächsversuche so brüsk zurückweisen, wenn er mit der Angelegenheit nichts zu tun hatte?

So versuchte ich als Nächstes, öffentliches Interesse für den Vorfall zu wecken. Dafür suchte ich mir gezielt eine Wahlkampfveranstaltung auf einem größeren Marktplatz aus, an einem Ort also, wo mit mehr Publikum zu rechnen war. Dies sollte es mir zum einen erleichtern, unbemerkt an Leppin heranzukommen. Zum anderen hoffte ich auf diese Weise auch eine größere Wirkung zu erzielen.

Leppin hielt im Grunde immer dieselbe Rede, mit immer denselben Versatzstücken, die er nur unwesentlich variierte und mit aktuellen Bezügen anreicherte. So konnte ich mir schon im Vorfeld eine Passage aussuchen, die besonders gut zu meinem geplanten Auftritt passte.

Und tatsächlich: Leppin enttäuschte mich nicht. Wie immer erhob er irgendwann die Stimme und warnte voller Pathos vor Überfremdung, Terrorgefahr und dem Verlust der Sicherheit seiner überaus geschätzten "Mitbürgerinnen und Mitbürger". Von hier aus leitete er nahtlos über zum Schutz der Natur, die ebenfalls durch die "Einschleppung fremder Elemente" bedroht sei. Wie das Volk sei auch die Natur nur durch die kompromisslose "Ausmerzung des Artfremden" zu schützen – weshalb er für eine konsequente Ausdehnung der Jagd eintrete.

Genau in dem Moment sprang ich auf die Bühne und hielt ein Transparent in die Höhe. Darauf hatte ich in roter Farbe geschrieben: "Dieser Jäger ist ein Mörder!"

Ein Raunen ging durch die Menge. Leppin war für einen Augenblick konsterniert, fing sich aber sofort wieder. "Sehen Sie, meine Damen und Herren", setzte er seine Rede fort, "das ist genau das, was ich meine. Unsere Demokratie ist heute bedroht von Elementen, die vor nichts – auch nicht vor der Anwendung von Gewalt! – zurückschrecken. Deshalb brauchen wir heute mehr denn je ein entschlossenes Bekenntnis zum Rechtsstaat. Gesetze sind dazu da, um angewendet zu werden, meine Damen und Herren! Mit aller Härte! Wenn wir den Extremismus heute nicht entschlossen bekämpfen, werden wir morgen den Kampf gegen ihn verlieren!"

Applaus erhob sich, begleitet von zustimmendem Gemurmel. Ich selbst war da schon längst überwältigt worden – dieses Mal allerdings nicht von Leppins Leibgarde. Es war eine öffentliche Veranstaltung, also wurde ich nach allen Regeln der Kunst von zwei Polizisten abgeführt, die sich, wie mir hier schien, nicht ohne Stolz als entschlossene Verteidiger des Rechtsstaats präsentierten.

Es war ein einziges Desaster. Ich hatte das Gegenteil von dem erreicht, was ich mir von der Aktion erhofft hatte. Statt Leppin vor aller Welt bloßzustellen, war es ihm gelungen, mich zu einer Art Wahlkampf-Gag umzufunktionieren und mich als Werbemittel für seinen Law-and-Order-Feldzug zu missbrauchen. Ich war es, der sich lächerlich gemacht hatte, ich war es, der als Gefahr für die öffentliche Ordnung vorgeführt wurde.

Diese Verdrehung der Tatsachen brachte mich völlig aus der Fassung. Als ich dann auch noch – weil gegen mich ja bereits ein Verfahren lief – dem Untersuchungsrichter vorgeführt wurde, verlor ich endgültig den Boden unter den Füßen. Das, was sich "Befragung" nannte, glich in Wahrheit eher einer Verlesung der zehn Gebote. In jeder Frage steckte der unerschütterliche Glaube an eine Realität, die nicht die meine war – und in der ich folglich auch nicht jene

Tatsachen zur Sprache bringen konnte, die mein Tun hätten erklären können.

So endete die kurze Vernehmung schließlich mit einem Eklat. Ich riss mich von meinen Bewachern los und baute mich direkt vor dem Richter auf. "Willst du dich etwa zum Komplizen dieses Mörders machen?" fuhr ich ihn an. "Was ist das denn für eine Gerechtigkeit? Ihr zerstört den Rechtsstaat, wo ihr ihn zu schützen vorgebt!"

Als man mir als Reaktion auf meinen bühnenreifen Auftritt Handschellen anlegen wollte, hatte ich das Gefühl, als würde mir jemand die Kehle zudrücken. Ich tobte, ich schrie – und schlug in meiner Verzweiflung sogar eine Fensterscheibe ein. Obwohl ich keinesfalls vorhatte, mich aus dem Fenster zu stürzen – schließlich befand sich der Verhandlungsraum im sechsten Stock, und ich war keineswegs lebensmüde –, deutete man mein Verhalten als Selbstmordversuch.

Die Folge war, dass ich mein Seelenleben von einem psychiatrischen Gutachter sezieren lassen musste. Dieser konstatierte "partiellen Realitätsverlust, verbunden mit Verfolgungswahn und suizidalen Tendenzen".

Damit hatte ich sozusagen die Eintrittskarte in dieses Reich hier gelöst, das Reich des verdüsterten Verstandes, die Höhlenwelt, in der jene zu leben haben, die sich nicht von dem Licht der einen, allein selig machenden Wirklichkeit erleuchten lassen wollen.

2. Enteignete Wirklichkeit

Sonntag, 6. November

Je länger ich in dieser Anstalt bleiben muss, desto mehr beginne ich daran zu zweifeln, ob die Bilder in meinem Kopf mit der Wirklichkeit übereinstimmen. Es ist wie bei einem Farbenblinden, der zusammen mit 99 anderen, nicht farbenblinden Menschen ein Gemälde betrachtet. Irgendwann wird er eben doch einsehen, dass er die Farben nicht so sieht, wie sie in Wirklichkeit sind.

Nein, der Vergleich ist schlecht gewählt! Bei dem Farbenblinden beruht die abweichende Wahrnehmung ja auf einer organischen Anomalie, die man ihm gegebenenfalls nachweisen kann, wenn er auf der "Wahrheit" des von ihm Wahrgenommenen besteht.

Außerdem geht es in diesem Fall ja nur um eine Nuance der Wirklichkeitswahrnehmung. Blau oder grün, was macht das schon für einen Unterschied! Mir aber hat man die gesamte Wirklichkeit gestohlen, ich bin sozusagen geistig enteignet worden und befinde mich nun in einem wirklichkeitslosen Raum, allein mit den Bildern in meinem Kopf: ein Schiffbrüchiger auf dem Meer des Geistes, der allmählich in seinen inneren Sturmfluten ertrinkt.

Nicht zuletzt kann sich der Farbenblinde auch damit trösten, dass die "Wirklichkeit" etwas sehr Relatives ist: Sehen die Fliegen die Wirklichkeit falsch, weil sie sie anders sehen? Bei mir geht es aber nicht um ein erkenntnistheoretisches Problem, sondern letztlich um Leben oder Tod. Sofern das, was ich gesehen habe, wahr ist – und warum sollte ich daran zweifeln? –, läuft irgendwo eine sadistische Mörderbande frei herum, die nur auf die Gelegenheit wartet, ein weiteres hinterhältiges Verbrechen zu begehen.

Vielleicht haben die Mörder seit meiner Verhaftung sogar längst wieder zugeschlagen. Wenn zutrifft, wovon ich ausgehen muss – dass die Täter die Spuren ihrer Verbrechen mit einer gespenstischen (weil die Wirklichkeit verdrehenden) Akribie verwischen –, kann niemand wissen, welche Bluttaten sie in der Zwischenzeit noch begangen haben.

Das Schlimme ist, dass ich langsam wirklich den Eindruck habe, den Verstand zu verlieren. Die Diagnose "geisteskrank" wirkt wie eine sich selbst erfüllende Prophezeiung. Es macht mich buchstäblich verrückt, dass ich mit niemandem über das reden kann, was mir widerfahren ist – oder vielmehr nur so darüber reden kann, als würde es sich dabei um Wahnvorstellungen eines Junkies handeln.

Nicht nur die Tatsache an sich, dass man mich für bekloppt hält, quält mich. Dadurch, dass meinen inneren Bildern die Osmose mit der äußeren Wirklichkeit verweigert wird, haben diese in mir eine Eigendynamik entfaltet, die mich wie ein geistiges Krebsgeschwür von innen heraus zerfrisst. Die Bilder wuchern, sie gebären ständig neue Bilder, die in meinen Träumen groteske Formen annehmen und sich mit längst vergessenen Gedanken, Gefühlen, Ereignissen vermengen.

Dann stoße ich nachts diese kehligen Schreie aus, durch welche die an Alpträumen Leidenden selbst wie die Gespenster wirken, von denen sie heimgesucht werden. Ich wache schwer atmend und schweißgebadet auf und muss nach der Nachtschwester klingeln, um ein Beruhigungsmittel zu bekommen. Ein Glas Wein würde mir wahrscheinlich auch helfen, aber so etwas bekommt man hier natürlich nicht.

Dabei weiß ich genau, dass die Pflegerin der Therapeutin von dem Vorfall Bericht erstatten wird – sie ist ja verpflichtet, jeden Handgriff in eine Tabelle einzutragen. Bei der nächsten Sitzung blicke ich dann wieder in diese mitleidstriefende Ich-versteh-dich-schon-Grimasse, die mich hier wie ein verzerrtes Spiegelbild von allen Seiten anglotzt.

Ein paar Mal bin ich schon richtig ausgerastet. Das verfestigt zwar meinen Bekloppten-Status, ist andererseits aber auch eine der wenigen Freiheiten, die man hat, wenn man von Amts wegen als geisteskrank eingestuft worden ist. Und da ich scheinbar ohnehin nichts an dem Bild ändern kann, das man sich hier von mir zurechtgelegt hat, kann ich ja auch von den Vorteilen profitieren, die meine Situation mit sich bringt.

Also werfe ich manchmal den Kaffeebecher an die Wand – er ist zwar nur aus Plastik, aber wenn er voll ist, gibt das trotzdem einen ziemlichen Krawall –, oder ich stoße wilde Urschreie aus, bis die Pflegerin kommt und mich beruhigt.

Natürlich mache ich das nur, wenn Magdalena da ist. Sie gehört zu der fortschrittlicheren Pflegerinnensorte, die es erst mal mit sanften Mitteln versucht, ehe sie zu Tabletten und Spritzen greift. Außerdem hat sie etwas ausgesprochen Mütterliches an sich. Mit den weichen Polstern, die ihren Körper luftkissenartig umgeben, fühlt sie sich an wie ein warmes Moosbett, das einen die Heimtücke der Welt für ein paar Augenblicke vergessen lässt. Deshalb tut es mir einfach gut, mich von Zeit zu Zeit von ihr in den Arm nehmen zu lassen.

Dann seufze ich aus tiefstem Herzen, und sie streicht mir über den Kopf wie früher meine Mama, wenn ich wieder mal beim Rollschuhfahren auf die Knie gefallen war. Ich glaube, sie weiß ganz genau, was ich mit meinen "Anfällen" bezwecke – auch wenn es ihr wahrscheinlich lieber wäre, wenn ich meine Wünsche auf andere Weise artikulieren würde.

Aber meine Ausraster sind eben in dem sozialen Umfeld, in dem wir uns hier bewegen, der einzige Code, mit dem ich auf mein Bedürfnis nach Nähe aufmerksam machen kann. Ich kann nicht einfach zu ihr sagen: "Ach bitte, drück mich doch mal ein bisschen" – das ist nun mal in dem gegebenen Rahmen nicht akzeptiert.

3. Esther und "Ándschela"

Dienstag, 8. November

Besuch von Esther. Sie fragt mich, wie es mit der Therapeutin klappt. "Schlecht", sage ich, aber sie lobt mich trotzdem dafür, dass ich mich der Therapie nicht mehr verweigere, von wegen "guter Führung" und so. Es ärgert mich, dass sie die Dinge so "vernünftig" sieht, aber ich schlucke meinen Ärger herunter und sage nichts.

Es wäre auch ungerecht von mir, ihr ihre pragmatische Haltung zum Vorwurf zu machen. Schließlich habe ich es nur ihrem Verhandlungsgeschick zu verdanken, dass die Anstaltsleitung meinem Wunsch, eine weibliche Therapeutin zu bekommen, entsprochen hat.

Nicht, dass ich grundsätzlich etwas gegen männliche Therapeuten hätte – aber ich habe nun einmal allzu oft die Erfahrung gemacht, dass das unmittelbare Aufeinandertreffen zweier Männer zu einer Art Hahnenkampf führt, bei dem einer dem anderen seine Überlegenheit zu beweisen versucht. Da ich aber der Definitionsmacht des Therapeuten ausgeliefert wäre, wäre in diesem Fall noch nicht einmal eine faire Auseinandersetzung möglich. Stattdessen würde man von mir wohl schlicht eine Unterwerfungsgeste erwarten.

Dies ist natürlich auch bei einer weiblichen Therapeutin möglich. Immerhin fällt hier aber die männliche

Konkurrenzsituation weg. Wenn ich Glück habe, tritt an deren Stelle ein mitschwingendes Verstehen, das weit eher zu einer Verbesserung meiner Lage beitragen kann.

Ob das bei meiner neuen Therapeutin der Fall ist, scheint mir allerdings fraglich. Sie heißt Angela und spricht ihren Namen italienisch aus – "Ándschela". Dabei passt nach meinem Empfinden die banal-strenge deutsche Variante weit eher zu ihr. Die erste Sitzung mit ihr hat mich jedenfalls nicht gerade hoffnungsfroh gestimmt.

Nicht nur bleibt ja das grundsätzliche Problem, dass sich durch die Therapie der Beklopptten-Status verfestigt, bestehen. Die Psychologen-Attitüde des Besserwissers, der die tieferen Beweggründe des Denkens und Handelns seiner Mitmenschen zu durchschauen meint, ist bei Angela auch besonders stark ausgeprägt. In Verbindung mit der nach außen hin an den Tag gelegten Kumpelhaftigkeit und dem lässigen Umgangston, die dem Gegenüber den Eindruck vermitteln sollen, sich mit einer guten Freundin zu unterhalten, wirkt dieses Verhaltensmuster auf mich ausgesprochen hinterhältig.

Esthers hilfloses Lächeln, als ich nach ihrer Bemerkung über die Therapie in düsteres Schweigen verfalle … Manchmal habe ich Angst, mich allmählich von ihr zu entfremden. Die Distanz zwischen ihrer und meiner momentanen Wirklichkeit ist einfach zu groß.

Dabei weiß ich natürlich auch, dass unsere Rollenverteilung auf einem puren Zufall beruht. Wenn die Dinge auch nur minimal anders gelaufen wären, wäre ich jetzt derjenige, der draußen in der "wirklichen" Welt nach Taktiken und Strategien für eine Lösung des Falles und eine Befreiung Esthers suchen würde, während sie in das Korsett des Wahnsinns gezwängt wäre und mit entsprechender Ungeduld auf meine wohlüberlegte Vorgehensweise reagieren würde.

Natürlich ist Esther nicht so impulsiv wie ich, so dass der Richter ihr vielleicht mit größerer Milde begegnet wäre als mir. Aber letztlich war ja mein Auftritt vor Gericht auch nicht der einzige Grund dafür, dass ich hier gelandet bin. Ausschlaggebend war am Ende wohl der Zweifel an meiner Fähigkeit, innere von äußeren Bildern zu unterscheiden. Und in diesem Punkt wäre Esther fraglos genauso gescheitert wie ich. Wäre sie ruhig geblieben, hätte man ihr das wahrscheinlich nur als "Apathie" ausgelegt – und damit eben eine andere Möglichkeit gefunden, die Geisteskranken-Hypothese zu bestätigen.

Der Gedanke, dass Esther jetzt ganz allein nach Spuren der Verbrecher sucht – und ich sie darin auch noch unterstützen muss, weil das die einzige Möglichkeit ist, mich zu rehabilitieren –, trägt auch nicht gerade zu meiner Beruhigung bei.

Zwar ist mir klar, dass der Eindruck der Zerbrechlichkeit, den Esther durch ihre etwas brüchige Stimme und das schmale Gesicht mit den tief liegenden Augen erweckt, eine Täuschung ist. Oft genug hat sie in brenzligen Situationen mehr Mut gezeigt und besonnener gehandelt als ich. Dennoch wäre sie Tätern wie denen, die diese Verbrechen begangen haben, im Ernstfall wohl hilflos ausgeliefert.

Das gibt den Angstzuständen, in denen ich mich nach meinen nächtlichen Alpträumen im Bett herumwälze, einen realen Hintergrund: Fühlen die Verbrecher sich sicher genug, um Esther und mich am Leben zu lassen? Oder warten sie nur auf die passende Gelegenheit, um uns beide aus der Welt zu schaffen?

4. Im Wald der Erinnerungen

Freitag, 11. November

Es hilft ja alles nichts – ich muss mich den vergangenen Ereignissen stellen. Noch einmal rekapitulieren, was geschehen ist. Noch einmal mit vollem Bewusstsein eintauchen in das Meer, das mich verschlungen hat.

Was ist es nur, das mich davon abhält?

Ist es mir vielleicht zu langweilig, mich in meiner imaginären Klause mit denselben Dingen zu beschäftigen, die auch sonst meinen Alltag bestimmen? Störe ich mich daran, auch noch den letzten Freiraum aufzugeben, mich vollständig an das zu ketten, was mich an diesen Ort geführt hat?

Schließlich habe ich ja schon bei der Polizei, in den Gesprächen mit dem Anwalt, dem Gutachter und vor Gericht unzählige Male zu Protokoll gegeben, was ich gesehen habe. Und die hochnotpeinlichen Gespräche, die man mich hier unter dem Etikett "Therapiesitzungen" zu führen zwingt, kreisen ja auch um nichts anderes.

Trotzdem: Vielleicht kann ich, wenn ich mich noch einmal ganz allein in den Wald der Erinnerungen begebe, etwas entdecken, das ich bislang, unter den Augen der anderen, übersehen habe.

Aber geht das hier überhaupt – etwas unbeobachtet tun? Womöglich ist ja gerade das mein größtes Hindernis auf dem Weg zu einer Zwiesprache mit mir selbst: dieses Gefühl, dass mir ständig jemand über die Schulter schaut, auch jetzt, während ich an diesem klapprigen Tisch sitze und meine Gedanken zu ordnen versuche.

Denn genau das ist ja das Ziel all der Gruppen- und Einzel- und Zweiertherapien, all der raffinierten Übungen und Tests und Meditationen, die angeblich "nur zu meinem Besten" angesetzt werden: Man möchte in mich eindringen, mein Innerstes soll nach außen gekehrt und so lange seziert werden, bis nur noch die leere Hülle meines Ichs zurückbleibt. Die füllt man dann mit einer Instantseele, mit der man mich gefahrlos in die Freiheit entlassen kann – in eine Freiheit, die für mich dann keine mehr wäre.

Andererseits: Selbst wenn jemand in meiner Abwesenheit mein Zimmer durchsuchen und auf diese Aufzeichnungen stoßen sollte – was würde er schon entdecken? Bislang steht darin ja nichts, was ich nicht auch sonst sagen würde, wenn auch vielleicht in einer anderen Form. Schaden kann mir das wohl kaum. Und selbst wenn: Tiefer als in das Loch, in dem ich mich befinde, kann ich sicher nicht mehr fallen.

Sind es also doch eher innere Widerstände, die mich von der Wanderung durch die Schattenwelt des Gesterns abhalten? Fürchte ich vielleicht, meine Erinnerungen könnten mir nicht mehr gehorchen, ein Eigenleben entfalten, das mich von meiner eigenen Vergangenheit entfremdet?

So weit kommt es eben, wenn einem ständig eingeredet wird, in einer Wirklichkeit zu leben, die es nicht gibt. Das hat einen Geist des Zweifels in mir keimen lassen, durch den ich am Ende selbst die Wahrheit von allem, was ich erlebt habe, in Frage stelle.

Wenn ich ehrlich bin, reicht dieser Argwohn mir selbst gegenüber sogar noch viel tiefer. Er führt dazu, dass ich auch meine eigene Wahrnehmungsfähigkeit in Zweifel ziehe, dass meine ganze Existenz mir auf einmal fragwürdig erscheint, als wäre sie nur der Traum eines anderen, der mit dessen Erwachen zerplatzt.

Vielleicht liegt aber genau hierin – in einem Aufstand meiner Erinnerungen gegen meine angemaßte Deutungshoheit – eine Chance für mich. Ist es nicht gerade dieser Eigensinn des Vergangenen, seine Art, immer wieder seine Formen zu verändern, je nachdem, wann und aus welchem Blickwinkel es betrachtet wird, worauf ich setzen muss? Könnte mir nicht gerade dies den Weg in die Freiheit ebnen?

Allerdings können diejenigen, die sich ihren Erinnerungen vorbehaltlos ausliefern, auch ganz schnell von ihnen überwältigt werden. Und genau das ist vielleicht meine größte Angst: auf Dinge zu stoßen, die ich bislang vor mir selbst versteckt habe, Assoziationsfelder zu entdecken, die bisher im Verborgenen geblieben sind.

Manchmal sind es eben gerade nicht die Erinnerungsbilder selbst, die diese unstillbare geistige Unruhe auslösen. Viel gefährlicher sind oft die Abgründe der Erinnerungslücken, in deren ewige Nacht die Unbedachten zu stürzen drohen.

5. Die Jagdhütte

Sonntag/Montag, 13./14. November

Mitternacht ... Dann und wann schlurfende Schritte auf dem Gang, ein alptraumgeborener Schrei, das lauernde Tropfen des Wasserhahns, das sich mit dem Pochen des Blutes in meinen Schläfen vermengt ... Ein Gefühl, als würde eine Armee von Untoten sich mir, verborgen unter der Tarnkappe der Nacht, unaufhaltsam nähern, auf Pferden, deren Hufe in der wattierten Dunkelheit kaum zu hören sind ...

Ja, es ist eine unbehagliche, fast schon unheimliche Atmosphäre, die einem hier entgegenschlägt, wenn man sich dem Palast der Nacht nicht schlafend entzieht, sondern ihn sehenden Auges durchwandert.

Wie anders waren da die nächtlichen Spaziergänge durch den Wald, die ich früher regelmäßig unternommen habe! Gut, auch sie waren auf ihre Weise unheimlich. Der durchdringende Ruf des Kauzes, das Knacksen morscher Zweige, wenn ein Reh durch das Unterholz streift, das Huschen der Mäuse unter dem welken Laub ... Auch das hatte mich stets in eine andere Welt entführt, in der ich nicht beheimatet war – und eben deshalb war es in der Tat auch "un-heimlich".

Der Unterschied ist nur: Im Wald war mir das Fremdsein angenehm. Es hat mir geholfen, Distanz zu mir zu gewinnen, andere Perspektiven einzunehmen, die Welt aus einem anderen Blickwinkel zu betrachten. So waren die Spaziergänge für mich eine Art Erfrischungskur für meine geistige Freiheit.

Wichtig war das vor allem dann, wenn ich an einem neuen Gemälde gearbeitet habe. Erst die Abkehr von den äußeren Bildern hat mir den Weg zu meinen inneren Bildern geebnet und es mir ermöglicht, eine Form für sie zu finden. Selbst wenn ich reale Gegenstände abzubilden versuchte, brauchte ich diese Art von innerer Einkehr, um geeignete Darstellungsmöglichkeiten dafür zu entwickeln. Nur so konnte ich meine subjektiven Empfindungen und Wahrnehmungen gestalten, also jene spezielle Einfärbung der Wirklichkeit zum Vorschein bringen, die ein Gemälde von einem nackten, unbearbeiteten Foto unterscheidet.

Natürlich hat Esther mich immer wieder von meinen einsamen Streifzügen durch den nächtlichen Wald abzuhalten versucht. Viel zu gefährlich sei das, hat sie mir vorgehalten. Wie schnell könne man sich nachts im Wald verlaufen! Und wie leicht könnte ich dort überfallen werden!

Ich habe sie dann immer gefragt, ob denn jemand von meiner Vorliebe für die Wanderungen durch die Nacht wisse. Falls nicht, bestehe doch gar keine Gefahr! Ja, wenn es sich um einen schwach beleuchteten Stadtpark handeln würde – das wäre etwas anderes. Da könnte man durchaus Taschendiebe und andere Gelegenheitstäter anziehen. Aber im nächtlichen Wald, wo niemand sich aufhält, weil eine irrationale Urangst die meisten vor der Finsternis zurückschrecken lässt? Wer sollte mir da gefährlich werden?

"Und die Jäger?" hat Esther dann oft zurückgefragt. "Was ist, wenn einer von denen dich mal mit seinem infrarotgestählten Kriegsgerät entdeckt? Schließlich hast du doch nie ein Geheimnis gemacht aus deiner Abneigung gegen die Jagd! Also wärest du doch eine viel fettere Beute als die üblichen Wildtiere, eine Jagdtrophäe der ganz anderen Art!"

Mit dieser Befürchtung hatte sie wohl in der Tat nicht ganz Unrecht. Vor den Jägern musste ich mich in der Tat in Acht nehmen. Deshalb gab es da auch etwas, das ich Esther nie gesagt habe: Die Gefahr, vor der sie mich gewarnt hat, war realer, als ich ihr gegenüber zugegeben habe. Denn einer meiner Rundwege führte unmittelbar an einer Jagdhütte vorbei.

Es war kaum möglich, die Hütte zu umgehen, da sie sich an einem Kreuzungspunkt mehrerer Wege befand. Ich hätte schon durchs Unterholz gehen müssen, um ihr auszuweichen. Dann aber wäre ich Gefahr gelaufen, mich im Dunkeln zu verirren. Außerdem wäre ich so erst recht mit den Jägern aneinandergeraten, wenn sie mich abseits der Wanderwege ertappt hätten. Vielleicht hätte ich dann sogar Opfer eines "Jagdunfalls" werden können.

Meistens waren die Fensterläden der Hütte aber ohnehin zugeklappt, und der Bau der menschlichen Raubtiere zeigte sich nur als Schattenriss, der gleich wieder in die Dunkelheit zurücksank. Nur selten war Leben in der Hütte. Das war dann allerdings oft schon von Weitem zu hören. Offenbar diente der Rückzugsort den Jägern vor allem dazu, ihre Beute zu begießen und sich auf künftige Blattschüsse einzuschwören.

Eigentlich müssten Männer, die auf die Potenzprothesen von Gewehren angewiesen sind, ja eher kleinlaut sein. Seltsamerweise ist aber in der Regel das Gegenteil der Fall – erst recht, wenn die Prothesenträger in der Gemeinschaft mit anderen in dem Stolz auf ihre Potenzsurrogate bestärkt werden. Dann fühlen sie sich vollends unschlagbar und sind umso mehr bereit, ihre unwiderstehliche männliche Kraft an jenen auszuleben, die sich nicht mehr des Rückhalts der Urhorde erfreuen.

So musste ich an den Tagen, an denen die Hütte mit Leben erfüllt war, zuweilen doch an Esthers Warnungen denken. Unwillkürlich habe ich dann meinen Schritt beschleunigt und mich bemüht, dem stechenden Blick der hell erleuchteten Fenster auszuweichen. Allerdings waren die Männer viel zu sehr mit sich selbst beschäftigt, um darauf zu achten, ob draußen gerade jemand an ihrer Hütte vorbeiging – was nachts ja ohnehin eher selten vorkam.

Mit der Zeit verlor die Jägerhöhle daher für mich ihren bedrohlichen Charakter. Mein Herz schlug zwar immer noch schneller, wenn die unverkennbare Melange aus Kräuterschnapsgepolter, schwülstigen Männergesängen und Herrenwitzgewieher an mein Ohr drang. Ich schenkte dem jedoch weiter keine Beachtung und ging einfach schnurstracks an der Hütte vorbei.

Dann aber kam jener Abend, an dem alles anders war. Der Abend, an dem ich den Weg eingeschlagen habe, der mich in diese Kammer hier geführt hat. Der Abend, der alles verändert hat: mein Leben, mich selbst, die anderen, die ganze Welt …

Anfangs war wieder nur das übliche Gejohle zu hören, wenn auch vielleicht etwas lauter, etwas aufdringlicher als sonst. Wahrscheinlich sind die Herren schon bei der zweiten Flasche, dachte ich mir. Vielleicht gab es ja auch einen besonderen Anlass zum Feiern.

Ich war schon halb an der Hütte vorbeigegangen, da meinte ich plötzlich noch ein anderes Geräusch zu hören, das deutlich von dem übrigen Gepolter abstach. Etwas wie ein verzweifeltes Wimmern, das Wehklagen eines verwundeten Tieres.

Ich redete mir zunächst ein, dass ich mich verhört haben müsse. In der Dunkelheit, sagte ich mir, reagierten meine Sinne wohl übersensibel auf jedes Geräusch und bauschten es mangels realer Entsprechung zu einem Traumbild auf, das nichts mit der Wirklichkeit zu tun hatte.

Kurz darauf jedoch – ich hatte die Hütte schon hinter mir gelassen – schwoll das Wimmern auf einmal zu einem dumpfen Schrei an. Jetzt konnte ich der Wahrnehmung nicht mehr ausweichen. Irgendetwas Schreckliches ging in der Hütte vor sich. Sollte es sich bei diesen Jägern etwa um eine spezielle Art von Tierquälern handeln, die hier, im doppelten Schutz von Wald und Nacht, ihre sadistischen Neigungen auslebten?

Nein, ich konnte, ich durfte nicht wegschauen. Ich musste nachsehen, was sich in der Hütte abspielte. Vorsichtig pirschte ich mich, nun selbst ein Jäger, an den dunklen Holzpalast heran. Wie in dem Tai-Chi-Kurs, an dem ich Esther zuliebe einmal teilgenommen hatte, kauerte ich mich, jede Bewegung meiner Muskeln bewusst kontrollierend, unter eines der Fenster. Es war gekippt, so dass ich problemlos mit anhören konnte, was drinnen gesprochen wurde.

Die Scheiben waren vom Atemdampf der Männer beschlagen. Das hatte den Vorteil, dass ich selbst vor dem Fenster nicht auf Anhieb zu sehen war, wenn ich ins Innere der Hütte linste. Allerdings waren so auch für mich die Gestalten darin nur schemenhaft zu erkennen.

Ein Klopfen an der Tür – es ist Claudia, sie hat heute Nachtdienst. Ob sie mir noch einen Tee machen solle? Sie hat Licht in meinem Zimmer gesehen, also nimmt sie an, dass ich nicht schlafen kann. Ja-ja: Der Geisteskranke wälzt sich in seinem Bett hin und her, geplagt von den Alpträumen seiner dunklen Seele …

Gut, ich sollte nicht ungerecht sein. Claudia meint es sicher gut mit mir. Aber genau das ist ja das Problem: Alle meinen es hier gut mit mir, weil alle meinen, dass ich selbst nicht weiß, was gut für mich ist. Diese ständige Bevormundung, die sich als Fürsorge tarnt!

Mir hat es eben gerade gutgetan, hier am Tisch zu sitzen und meinen Gedanken nachzuhängen, und es tut mir gar nicht gut, wenn ich mich dabei unter Beobachtung fühle.

Andererseits … Wenn ich jetzt so vor meinem Schreibblock sitze, den dampfenden Melissetee in der Hand, spüre ich deutlich, wie mir die Zeilen vor den Augen verschwimmen. Vielleicht sollte ich mich doch besser schlafen legen. Meine Reise in die Vergangenheit kann ich genauso gut morgen fortsetzen. Den Rettungsring, der mich aus meiner Misere befreit, werde ich dabei wohl ohnehin nicht finden.

6. Die Therapie-Beichte

Montag, 14. November

Nach dem Frühstück Therapiesitzung mit "Ándschela". Claudia hat ihr von meiner nächtlichen Schreibarbeit erzählt. Ob ich darüber reden wolle?

Mein düsteres Schweigen ist Antwort genug. Ein paar endlose Sekunden lang hält sie ihm stand, dann wechselt sie indigniert das Thema: "Gut, dann machen wir eben da weiter, wo wir letztes Mal aufgehört haben."

Sie blättert in ihren Aufzeichnungen, dann hebt sie den Kopf wieder und sieht mich mit einem professionellen Aufmunterungslächeln an. "Ach ja, wir haben über Ihren Vater geredet. Über seinen Sauberkeitsfimmel, seine wortkarge Art und seine emotionale Kälte, die Ihrer Mutter so zu schaffen gemacht hat, dass sie einmal sogar den Verdacht geäußert hat, er fühle sich eher zu seinem eigenen Geschlecht hingezogen …"

Sie wirkt ein wenig unterkühlt heute, die gute Ándschela. Vielleicht liegt das an der Kränkung, die ich ihr mit meinem Schweigen zugefügt habe. Womöglich ist ihr meine Familiengeschichte aber auch schlicht zu langweilig. Manchmal habe ich fast den Eindruck, dass es sie geradezu dürstet nach Missbrauch und Gewalt, nach Trauma und Alpträumen. Mit einer ganz gewöhnlichen spießigen Familiengeschichte kann sie nichts anfangen. Der Wahnsinn der Normalität passt einfach nicht in ihr Konzept.

Es reizt mich von Tag zu Tag mehr, ihren Erwartungen zu entsprechen. Unter Tränen von der finsteren Nacht zu erzählen, der dunkelsten Stunde meines Lebens, als mein Vater plötzlich alle Masken vor mir fallen ließ: der Nacht, als ich plötzlich sein kaltes Zepter an meinem Hintern spürte. Von der Gewaltherrschaft, die dieser sadistische Tyrann fortan über mich, sein schutzloses Opfer, ausgeübt habe. Von der wortlosen Komplizenschaft des Scheusals mit meiner Mutter, die sich nicht gegen ihn aufzubegehren traute. Von meinen Alpträumen, in denen sich alle Cäsaren der Geschichte an mir vergingen, bis Dschingis Khan auf einem goldenen Pferd aus dem Osten zu meiner Rettung heranrauschte.

Wäre das nicht eine interessante Konstellation für eine Psychologin? Jede Wette, dass sie sich das goldene Pferd genauer beschreiben lassen würde!

Leider ist die Wirklichkeit aber nun einmal viel banaler. Eben deshalb macht mich dieses regelmäßige Beichtritual ja auch so wütend. Es ist wie in der katholischen Kirche: Jedes Schaf in der Herde der Gläubigen hat unter seiner Sündenlast zu ächzen, sonst wäre es ja kein Schaf und hätte auch keinen göttlichen Beistand nötig. Fortwährend versündigt es sich an seinen Nächsten, es blickt sie schief an, es frisst ihnen das Futter vor der Nase weg, es missachtet die ihm gesetzten Grenzen und erkundet fremde Weidegründe.

Einzige Erlösungsmöglichkeit: das regelmäßige Geständnis, die von Gott geebneten Pfade verlassen zu haben, verbunden mit dem Gelöbnis, sich in Zukunft wieder von den göttlichen Regeln einhegen lassen zu wollen. Andernfalls: ewige Verdammnis. Verfemung. Ausschluss aus der Herde. Allein die Absolution ebnet den Weg zurück in die von Gott gesetzte Realität – was den Beichtvätern natürlich eine einzigartige Machtfülle verleiht.

So hat es auch keinen Zweck, sich gegen das Brandmal zu wehren, mit dem ich hier gezeichnet werde. Wer sich an diesem Ort aufhalten muss, befindet sich in einer Zwischenwelt, in einer Art von Fegefeuer. Und wenn Gott einen ins Fegefeuer wirft, so wird er wohl seine Gründe dafür haben.

Deshalb muss auch ich mich hier der Herrschaft meiner Beichtmutter beugen, der Siegfriedspsychologin, deren Aufgabe es ist, mir zum Sieg über den finsteren Drachen in mir zu verhelfen – über jenen ewigen Widersacher der göttlichen Wahrheit, der mir mit seinem Blendwerk die Existenz einer anderen, gottlosen Wirklichkeit vorgaukelt. Je länger ich das frevlerische Wirken dieses Drachen leugne, desto deutlicher zeige ich, dass er mich fest in seiner Gewalt hat. Desto besorgter fällt das Kopfschütteln der Drachentöterin über meine Lage aus. Desto länger muss ich im Fegefeuer schmoren.

Dies ist der ungeschriebene Deutungscode, an dem hier alles Denken und Handeln gemessen wird. Am schlimmsten ist es für mich, wenn damit jener verhängnisvolle Abend beurteilt wird, an dem ich, ohne mir dessen bewusst zu sein, von der Welt um mich her abgeschnitten worden bin.

Ich versuche deshalb, dieses Thema zu meiden, so gut es geht. Leider gelingt mir das nicht immer. Denn es ist ja gerade ein Teil meiner Buße, für das büßen zu müssen, dessen ich andere bezichtigt habe.

7. Unterwasserwelten

Mittwoch, 16. November

Seltsam … Wenn ich jetzt an den Abend zurückdenke, an dem ich im Dunkeln vor dem Fenster der Jagdhütte gekauert habe, sehe ich als Erstes ein Schwimmbad vor mir. Ein Schwimmbad im Hochsommer.

Ich stehe im brühwarmen Chlorwasser, um mich her ein Klangteppich aus Platschen, Kreischen und Gelächter. Ich atme tief ein, drücke mir dann mit den Fingern die Nase zu und tauche unter. Langsam zähle ich die Sekunden herunter, während ich, so stelle ich es mir vor, die Luft aus meinen aufgeblähten Wangen sauge.

"Und ich kann doch länger untertauchen als du!" ruft mein Bruder mir zu, als ich schnaufend aus dem Wasser aufschieße.

Es war seine Idee gewesen, diesen kleinen Tauchwettbewerb zu veranstalten. Er war sich sicher, dass er dabei gewinnen würde. Schließlich hatte er erst am Vortag beim Abendessen damit geprahlt, nun schon über eine Minute lang die Luft anhalten zu können.

Dann aber hatte ich die Bestmarke von ihm, dem Älteren, gleich beim ersten Versuch übertroffen – und das, obwohl nicht nur er mich immer wieder wegen meiner mädchenhaften Züge gehänselt hatte. Das konnte er nicht auf sich sitzen lassen! Er holte tief

Luft und hockte sich dann todesmutig auf den Beckengrund. Gebannt schaute ich auf die Bläschen, die er von unten an die Wasseroberfläche schickte, diese kleinen, unscheinbaren Zeugen seiner Lebendigkeit.

Nach weit über einer Minute schnellte der Kopf meines Bruders wieder aus dem Wasser. Er keuchte, er japste, er rang nach Sauerstoff, er sog die kostbare Essenz ein, als könnte er gar nicht genug davon bekommen.

Heute weiß ich: Er bekam tatsächlich nicht genug davon. Während ich mich noch wunderte, dass er sich gar nicht, wie es sonst seine Art war, für seine Leistung rühmte, war der Bademeister schon zur Stelle und zog den Hyperventilierenden aus dem Becken. Sanitäter eilten herbei, alle Geräusche klangen plötzlich gedämpft, als würde ich mich noch unter Wasser befinden. Badegäste reckten die Köpfe, duckten sich aber zugleich unwillkürlich, als fürchteten sie, von dem dunklen Schatten erfasst zu werden, der sich auf einmal über den unbeschwerten Sommertag gelegt hatte.

Beim Abendessen dann das düstere Schweigen meiner Eltern, als wäre ich schuld an dem, was passiert war. Dabei war am Ende alles halb so schlimm. Die Ärzte diagnostizierten bei meinem Bruder lediglich eine Neigung zu Asthma. Er solle in Zukunft vorsichtiger sein bei körperlicher Betätigung, rieten sie meinen Eltern – das war alles.

Dennoch klang "Asthma", dieses dunkle Wort, für mich wie ein Urteil, fast wie ein Zauberspruch, der meinen Bruder in mir ab sofort einen heimtückischen Wasserkobold sehen ließ. Jedenfalls ist er von da an niemals mehr mit mir ins Schwimmbad gegangen.

Ob sich diese Erinnerungen wohl auch in mir geregt haben, als ich unter dem Fenster der Jagdhütte gekauert habe? Waren sie da, haben aber die Schranke zu meinem Bewusstsein nicht passiert, weil all meine Aufmerksamkeit von dem Geschehen in der Hütte beansprucht wurde? Oder sind sie erst jetzt, mit dem größeren Abstand zu den Ereignissen, wieder aus dem Meer des Unterbewussten aufgetaucht?

Tatsache ist jedenfalls: Das Geräusch, das damals aus dem Inneren der Hütte an mein Ohr drang, entsprach genau dem, das seinerzeit mein Bruder beim Auftauchen aus dem Wasser von sich gegeben hatte. Es war ein Geräusch wie von einem löchrigen Blasebalg, etwas, das von dem verzweifelten Versuch zeugte, sich wieder von dem rhythmischen Wehen des Lebenswindes durchfließen zu lassen.

Vorsichtig hob ich meinen Kopf und spähte durch das Fenster. Durch die beschlagenen Scheiben war kaum etwas zu erkennen. Nur am unteren Rand war, bedingt durch eine davorstehende Pflanze, ein kleiner Spalt frei geblieben. Hinter dem Wald aus Blättern und Stängeln sah ich ein paar Männer, die mitten im Raum einen Kreis bildeten. Sie schienen sich um etwas versammelt zu haben, das von ihren Körpern verdeckt wurde.

"Lange macht der nicht mehr", hörte ich einen der Männer sagen.

"Der ist zäh – täusch dich nicht!" widersprach ein anderer.

"Wollen wir wetten?" forderte sein Kumpel ihn auf.

"Meinetwegen. Ist ja auch spannender dann …"

"Sagen wir, um einen Kasten Bier für den nächsten Kameradschaftsabend?"

"Gut, einverstanden. Also, ich sage: Er schafft noch mindestens drei Touren."

"Und ich: Nicht mehr als zwei."

"Abgemacht."

"Dann schlag ein!"

Ruckartig lösten die Männer sich aus dem Kreis, um ihre Wette zu besiegeln. So wurde für ein paar Sekunden sichtbar, was sich hinter ihren breiten Rücken verbarg.

Mein Blick fiel auf eine Art Wanne, wie Jäger sie wohl benutzen, um das Blut der getöteten Tiere aufzufangen. Sie war bis zum Rand mit Wasser gefüllt. Davor kniete ein Mann mit einer dunklen Hautfarbe.

Er war es, der so verzweifelt nach Luft rang. Sein ganzer Körper bebte vor Atemnot, seine weit aufgerissenen Augen waren genau auf mich gerichtet, wie ein lautloser Hilferuf, auch wenn sein Blick ins Leere ging und er mich wegen der beschlagenen Scheiben wahrscheinlich gar nicht sehen konnte. Noch einmal sog er tief die stickige Luft ein, dann tauchte ihn die Hand, die seinen Hinterkopf umklammert hielt, wieder unter Wasser.

"Der zappelt wie ein Fisch im Wasser", kalauerte einer.

"Eher wie ein Fisch an der Angel", ergänzte ein anderer.

"Ach was – zappeln! Der zuckt doch nur noch."

"Steht schlecht um deine Wette, Hajo!"

Die Männer grölten. Was sollte ich nur tun? Mein erster Impuls war, gegen das Fenster zu klopfen, die Tür aufzureißen und laut "Stopp! Sofort aufhören!" zu rufen. Das hätte auch zweifellos geholfen – aber doch nur für einen kurzen Augenblick. Die Jäger waren in der Überzahl, sie hätten ein paar Witzchen gerissen, mich dann festgehalten und einfach weitergemacht, ehe sie sich intensiver mit mir beschäftigt hätten. Wie das ausgesehen hätte, konnte ich mir lebhaft vorstellen.

Also habe ich nach meinem Smartphone getastet und mit zitternden Fingern die Nummer der Polizei eingegeben. "Kommen Sie schnell!" flüsterte ich, als sich eine männliche Stimme meldete. "Hier geschieht etwas Furchtbares: Ein Mann soll ertränkt werden!"

"Bitte ganz ruhig", ermahnte mich die Stimme. "Sagen Sie mir ganz genau, wo Sie sich befinden und was Sie melden wollen, sonst können wir nichts unternehmen."

"Im Wald", wisperte ich, "ich bin im Wald vor einer Jagdhütte, und da drin ..."

"Nun mal langsam", raunte die Stimme streng an meinem Ohr. "Sie müssen schon genauere Angaben machen: In was für einem Wald befinden Sie sich, und wie ist die exakte Ortsangabe?"

"Römerwald", erwiderte ich hastig, "ja, Römerwald, so heißt das Waldstück ..."

Für einen Augenblick war nur ein dumpfes Knistern zu hören. Besorgt blickte ich auf das Display: Der Akku war noch fast voll, aber das Netz war instabil. "Hallo?" fragte ich daher so laut wie möglich. "Sind Sie noch da?"

Statt einer Antwort vernahm ich das Klick-Klack von Fingern, die über eine Tastatur tanzten.

"Römerwald, sagten Sie?" fragte die Stimme schließlich zurück. "Ich sehe hier gerade auf dem Bildschirm, dass es da nur eine einzige Hütte gibt. Und dort soll also jemand ertränkt werden?" In der Frage schwang eine gehörige Portion Skepsis mit.

"Hören Sie!" beschwerte ich mich. "Wir haben jetzt keine Zeit für lange Diskussionen. Wenn Sie nicht sofort kommen, machen Sie sich mitschuldig an einem furchtbaren Verbrechen. Punkt." Damit drückte ich das Gespräch weg.

8. Der Angriff

Donnerstag, 17. November

Nebel … Früher war es immer ein Gefühl wie die Heimkehr von einer langen, beschwerlichen Reise, wenn die Zeit des Nebels begann. In meiner Wolkenklause fühlte ich mich geborgen und beschützt vor dem Ansturm all der Gebilde, aus denen sich der Vorhang der Wirklichkeit zusammensetzt. Ein Demiurg, ausgesetzt in einem weißen, schwerelosen Nichts, konnte ich die Welt neu aus mir selbst hervorbringen.

Jetzt aber hat der Nebel eine ganz andere Bedeutung für mich. Seit ich hinter diesen Mauern eingesperrt bin, verstärkt er in mir nur das Gefühl des Abgeschnittenseins von der Welt da draußen, dieses doppelten Gefangenseins in einem Meer ineinander verschwimmender Erinnerungsbilder und in einer Institution, die die Wirklichkeit eben dieser Bilder nicht anerkennt.

Manche Erinnerungsbilder stürzen auf mich ein wie Treibgut auf einen Schiffbrüchigen. Wieder und wieder schleudern die Wogen des Gedächtnisses sie gegen die Planken meines Geistes. Immer wieder sehe ich die rotgesichtige Meute vor mir und höre das ohnmächtige Japsen ihres Opfers. Dieses hilflose Aufbäumen des Körpers, die wortlose, in einem einzigen Laut gebündelte Bitte um Gnade …

Kaum hatte ich das Handy in meiner Jacke verstaut, drang aus der Hütte wieder das verzweifelte Ringen nach Atem an mein Ohr. Dazu fragte eine lauernde Stimme: "Verrätst du uns jetzt endlich, wo die anderen Kakerlaken abgeblieben sind? Understand? The others – where are they?"

"I … I … don't … know …", stieß der unter Wasser Getauchte hervor, wobei jedes Wort von saugenden Atemgeräuschen begleitet war. "I swear … I don't know … Please … believe me …"

Ein höhnisches Lachen war die Antwort. "Glauben? Dir? Pah! Eher glaube ich an den Weihnachtsmann! Also gut – last chance! Und dann: Exitus! Understand?"

Allgemeines Gelächter, begleitet von einem platschenden Geräusch. Offenbar wurde der Mann gerade erneut unter Wasser getaucht.

Jetzt hatte ich keine andere Wahl mehr: Ich musste eingreifen. Meine Erfolgsaussichten waren nun zwar auch nicht besser als vor meinem Anruf bei der Polizei. Aber vielleicht würde es mir ja wenigstens gelingen, die Männer bis zu deren Eintreffen hinzuhalten und so das Schlimmste zu verhindern.

Ich erhob mich und ging zur Tür. Gerade wollte ich mit voller Wucht gegen das Holz hämmern, da stellte ich fest, dass die Tür nur angelehnt war. Also stieß ich sie einfach auf und stürmte in den Raum. "Halt!" rief ich. "Sofort aufhören!"

Sechs Köpfe drehten sich marionettenhaft in meine Richtung. Ich sah in verdutzte Gesichter, auf gerötete Wangen und schweißglänzende Stirnen. Die braungrünen Hosen verströmten einen Geruch von Schlamm, Schlachthof und Kloake, die Karomuster der Hemden tanzten vor meinen Augen.

In ihrer Verblüffung taten die Männer sogar, was ich verlangt hatte, und ließen von ihrem Opfer ab. Keuchend schnellte sein Kopf aus dem Wasser.

Es dauerte allerdings nicht lange, bis zumindest der Anführer sich wieder gefangen hatte. Ohne seinen Gefangenen loszulassen, stellte er sich breitbeinig neben die Blechwanne und sah mich herausfordernd an. "Sagt wer?" parierte er meinen Befehl.

"Das tut nichts zur Sache", blaffte ich zurück, so kühl wie möglich, auch wenn ich spürte, wie mir der Schweiß auf die Stirn trat. "Ihr lasst den Mann jetzt sofort gehen, oder …"

"Oder was?" fragte einer der Wettbrüder.

"Oder ihr … ihr erklärt der Polizei, was ihr hier treibt!" verkündete ich trotzig. "Die habe ich nämlich gerade eben angerufen."

"Der blufft doch nur!" mutmaßte einer der Männer.

"Klar – mit dem Handy hat man hier ja gar keinen Empfang!" bestätigte ein anderer.

"Wir sollten besser auf Nummer sicher gehen", entschied der Anführer. "Kalle! Eberhard! Ihr kümmert euch um unseren Ehrengast!"

Er gab den beiden Angesprochenen mit einer nachlässigen Kopfbewegung zu verstehen, dass sie auf mich zugehen sollten. Instinktiv machte ich einen Schritt zurück in Richtung Tür. Aber noch ehe ich mich umdrehen konnte, standen die Männer hinter mir.

"Handy abnehmen!" befahl der Kopf der Bande.

Während einer der Männer mir die Arme auf den Rücken drehte, durchsuchte der andere meine Jacke. Nicht lange, und er hatte mein Smartphone entdeckt. Triumphierend hielt er es in die Höhe.

Der Anführer kniff die Augen zusammen, als würde er ein Beutetier ins Visier nehmen. "Und?" fragte er. "Wen hat er zuletzt angerufen?"

Der Mann, der mir das Smartphone abgenommen hatte, reichte es an einen der Wettbrüder weiter. "Mach du das lieber, Hajo. Ich komm mit den Dingern einfach nicht zurecht."

Hajo beugte sich mit einem forschenden Blick über das Handy. Zwei, drei Fingertänzchen, und er hatte gefunden, was er suchte. Wie dumm von mir, dass ich in der Hektik nicht daran gedacht hatte, das Smartphone auszuschalten! Dann hätten die Kerle erst einmal das Passwort von mir erbetteln müssen.

"Der hat tatsächlich die Polizei angerufen!" bestätigte Hajo schließlich.

"Und wann genau?" wollte das Alphamännchen wissen.

"Warte mal … Vor genau … sechs Minuten."

Kühl erläuterte der Anführer den Notfallplan. "Gut, dann bleibt uns ungefähr eine Viertelstunde, um die nötigen Vorkehrungen zu treffen. Kalle, Eberhard: Ihr begleitet Supermann nach nebenan und flößt ihm mal ordentlich was von unserem Zaubertrank ein. Ihr wisst schon – von dem Selbstgebrannten … Nicht, dass es heißt, wir wären keine anständigen Gastgeber!"

Allgemeines Gelächter, dann ergänzte der Chef: "Wir anderen kümmern uns um unseren Special Guest hier. Dem schlägt dann sozusagen das letzte Viertelstündchen …"

Erneutes Gelächter, begleitet von dem Stummelenglisch des Anführers: "Understand? Last minutes! Last chance!"

Entsetzt riss der Angesprochene die Augen auf. "But … I can't tell you … Really …"

Während hinter mir wieder das platschende Geräusch des auf die Wasseroberfläche auftreffenden Kopfes zu hören war, schraubten sich zwei Hände um meine

Oberarme. Ich versuchte, mich zu befreien, ich wand mich wie ein gefangener Fisch, ich weigerte mich zu gehen – aber gegen die geübten Fangarme der Jäger hatte ich keine Chance. Sie zogen mich einfach hinter sich her wie ein erlegtes Reh. Ich war nur noch ein Teil einer Maschine, die blind einem fremden Befehl gehorchte.

In dem Nebenraum, in den die Männer mich brachten, baumelte lediglich eine nackte Funzel von der Decke. An den Wänden zogen sich Regalreihen entlang, staubig schimmerten Flaschen und Schraubgläser in dem schwachen Licht.

Die Männer drückten mich auf einen Holzstuhl, der sich knarzend über die ihm aufgebürdete Last beschwerte. Während der eine mich festhielt, steuerte der andere auf eines der Regale zu. Unschlüssig blieb er davor stehen. "Kirsche oder Apfel?" fragte er, wobei unklar war, ob sich die Frage an mich oder an seinen Kameraden richtete.

"Iss doch egal", brummte der andere. "Nimm einfach irgendwas – aber mach schnell!"

"Gut", entschied sein Kumpel, "dann nehmen wir Apfel – davon ist mehr da."

Unmittelbar darauf hielt eine behaarte Hand mir eine Flasche vor die Nase. "Hier – trink!" forderte mich eine raue Stimme auf.

Als ich mich weigerte, den Mund aufzumachen, drückte mir einer der Männer ein Messer an die Kehle. "Wir haben es hier gar nicht gern, wenn man auf unsere Gastfreundschaft pfeift ...", drohte er mir.

"Ist ja schon gut", gab ich nach. "Ich tu' ja schon, was ihr wollt. Aber lasst mich wenigstens selbst trinken."

Die Männer sahen sich an. Einer nickte dem anderen zu, dann drückten sie mir die Flasche in die Hand. Einen Augenblick später gab es ein paar Flaschen weniger und ein paar Scherben mehr in dem Raum. Ich hatte die Flasche kurzerhand gegen eines der Regale geschleudert.

Die Tür wurde aufgerissen, ein dunkler Schatten tauchte im Türrahmen auf. "Was ist denn hier los?" raunzte der Anführer. "Ist das Bürschlein etwa zu stark für euch?"

Der Mann hinter mir riss meine Arme mit einem Ruck nach hinten. "Das wird sich gleich zeigen", zischte er zurück. "Jetzt ziehen wir nämlich andere Saiten auf." Und dann, zu seinem Kumpel gewandt: "Halt du den Dreckskerl mal fest!"

Während die Tür wieder zugeworfen wurde, spürte ich, wie sich eine Hand in meine Haare grub und meinen Kopf nach hinten zog. Zigarettengelbe Finger schraubten sich um meinen Unterkiefer und bogen ihn nach unten, dann presste sich das kalte Glas eines Flaschenhalses an meine Lippen. Eine ätzende Flüssigkeit ergoss sich in meinen Mund, brannte in meiner Kehle, flutete meinen Körper. Ich würgte, ich hustete, ich spuckte – aber bei dem Sturzbach, der nun in mich einströmte, verfehlten doch nur ein paar wenige Spritzer ihr Ziel.

Ich erinnere mich noch an das spontane Gefühl der Erleichterung, als die Schraubzwingen der Hände meinen Kopf wieder freigaben, ich sehe noch die leere Flasche vor mir, ihr hartes Aufschlagen auf dem Tisch, begleitet von dem befriedigten Kommentar: "So, Operation beendet – jetzt ist Ruhe!"

Dann nahm ein dichter Nebel mich in sich auf, durch den ich das Geschehen nur noch als schemenhaftes Schauspiel wahrnahm. Die Männer verwandelten sich in Truthähne, in blutumflossene, lautlos keifende Truthähne, die durch ein Raumschiff schwebten, das durch die Weiten des Universums taumelte. Schutzlos den kosmischen Stürmen ausgesetzt, schwankte sein Boden so stark, dass er sich fortwährend um sich selbst zu drehen schien.

Eine Zeit lang konnte ich mich noch auf den Beinen halten, dann wurde ich hinausgeschleudert in die kosmische Nacht.

9. Ein Traum

Samstag, 19. November

Manche Träume sind wie Vampire. Nachts, während wir schlafen, saugen sie uns alle Lebenskraft, allen Lebensmut aus den Adern. Morgens haben wir dann das Gefühl, gar nicht geschlafen zu haben.

Es ist, als hätte jemand unsere geistige Abwesenheit genutzt, um sich unseres Körpers zu bemächtigen und auf ihm über ein sturmgepeitschtes Meer zu reiten. Obwohl wir uns an nichts erinnern können, bleibt doch eine seltsame Unruhe zurück, ein Gefühl der Beklemmung, als würden uns noch immer die dunklen Flügel des Vampirs umwehen.

In meinem Traum war ich wieder ein kleiner Junge. Ich saß auf einem Bootssteg, der in einen breiten Fluss hineinführte. Das Wasser war so klar, dass man jeden Kieselstein auf seinem Grund sehen konnte. Geschäftig wuselten die Fische um die glitzernden Steine, während die ins Wasser gefallenen Wolken wie fliegende Teppiche über sie hinwegglitten.

Dies alles aber war für mich nebensächlich. Was meine Blicke anzog, war vor allem ein Gesicht, das inmitten dieses Schauspiels zu sehen war. Ein von lockigen Haaren umrahmtes Gesicht, das im Rhythmus des Wellenschlags vorüberziehender Boote auseinanderfloss und sich wieder zusammensetzte, ein Kaleidoskosp unzähliger Farbsplitter, die alle ihre jeweils eigene Geschichte erzählten, gleichzeitig aber in dem Gesicht zu einer einzigen großen Geschichte verwoben waren.

Je mehr ich mich in das Gesicht versenkte, desto stärker zog es mich zu sich hin. Immer größer wurde es, zugleich aber auch immer unförmiger, bis es schließlich nur noch eine große helle Fläche war, ein weit geöffnetes Tor, durch das ich hinabstürzte in eine Welt, die mir ebenso fremd wie vertraut vorkam.

Das Problem war nur: Ich konnte den Blick nicht wenden von diesem Gesicht und dem Bilderreigen, der mir daraus entgegenleuchtete. So trieb ich mit dem Mund nach unten in dem Fluss, dessen Wasser unaufhaltsam in mich einsickerte, das meine Kehle flutete und meine Lungen füllte, das meine Haut durchdrang und sich in meinen Adern ausbreitete. Ich spürte, wie ich allmählich ein Teil des Flusses wurde, wie sich eine große Dunkelheit über mich legte, der ich schutzlos ausgeliefert war.

Ich rang nach Luft, ich versuchte alles, um mich in meine angestammte Welt zurückzukämpfen, aber es war zwecklos: Der Fluss war stärker als ich. Da sah ich auf einmal ein weiteres Gesicht vor mir aufschimmern, ein Gesicht, das ebenso von dem Fluss verschluckt worden war wie mein eigenes. Ein Gesicht voller Runzeln, von stachligen Bartstoppeln durchsetzt und mit einem verschmitzten Zug um die Augen – Augen, in die ich schon seit Jahren nicht mehr geschaut hatte. Es war das Gesicht meines Großvaters.

Er zog mich aus dem Wasser und hielt mich mit ausgestreckten Armen vor sich hin, so dass ich in der Luft hing wie eine nasse Katze. Seine wässrigen Augen waren unverwandt auf mich gerichtet. "Was machst du nur für Sachen?" schienen sie zu fragen, aber seine Lippen blieben verschlossen.

Ein paar endlose Augenblicke lang ließ er mich, den Blick nicht von mir abwendend, in der Luft zappeln. Dann spreizten seine Lippen sich auf einmal zu einer entsetzlichen Grimasse. Seine Hand weitete sich zu einer Pranke, die mich mit festem Griff umschloss und wieder unter Wasser tauchte.

Mit aller Kraft wehrte ich mich gegen die eisenharte Faust, die mich umschloss, ich schlug verzweifelt um mich, ich strampelte mit den Beinen – aber es half alles nichts. Es war, als würde ich versuchen, mit einem Regenschirm einen Sturz in einen tausend Meter tiefen Abgrund abzufedern. Hätte nicht mein eigener erstickter Schrei mich aus dem Schlaf gerissen, so wäre ich unweigerlich ertrunken.

Ein typischer Tagesrestetraum? Ja, das auch. Aber da ist noch etwas anderes. Etwas, das sich anfühlt wie das Märchenschloss mit den 99 Kammern, von denen der entführte Königssohn nur eine einzige nicht betreten darf – was er natürlich trotzdem nicht lassen kann.

Sobald er jedoch die Tür öffnet, dringt ein kalter Hauch aus der Kammer, und er spürt, dass er etwas befreit hat, das niemals die Dunkelheit hätte verlassen dürfen, in der es gefangen war. Nun aber ist es zu spät, nun verfolgt sein undurchdringlicher Schatten ihn überallhin, ganz gleich, wohin er seinen Schritt wendet.

10. Gläserne Wände

Montag, 21. November

Manchmal, wenn ich mit Esther hier zusammensitze oder mit ihr durch den therapeutischen Zen-Garten schlendere – sogar die Mauer, die das Gelände zur Straße hin abschließt, ist japanischen Gärten nachempfunden! –, kommt es mir vor, als wären wir durch eine unsichtbare Wand voneinander getrennt.

Meistens greife ich dann nach ihrer Hand oder lege den Arm um sie, um mich ihrer Nähe zu vergewissern. Aber selbst das kann den Eindruck zweier Universen, die einander nahe kommen, ohne sich je zu berühren, nicht vertreiben.

Leider leben wir jetzt in der Tat in unterschiedlichen Welten: ich in einer Welt der Unfreiheit, in der jede subjektive Wahrnehmung unter dem Generalverdacht des Halluzinierens steht; sie in einer Welt relativer Freiheit, in der jedem Menschen grundsätzlich die Fähigkeit zugestanden wird, die Wirklichkeit in Übereinstimmung mit der allgemein akzeptierten Sichtweise wahrzunehmen.

Aber das allein ist es nicht, was die gläserne Wand zwischen uns hat emporwachsen lassen – oder vielmehr: was das Bewusstsein für die Existenz dieser Wand hat entstehen lassen. Denn letztlich ist das ja der Normalzustand: geschieden zu sein von den anderen wie ein seltenes Insekt, das hoch oben auf einem unzugänglichen Gipfel lebt, der durch tiefe Schluchten von den umliegenden Gipfeln und den dort ausgesetzten Insekten getrennt ist.

Worte und flüchtige Berührungen können niemals eine Brücke über einen solchen Abgrund spannen. Das Einzige, was für ein paar Augenblicke die Seiltänzerillusion einer Verbindung zwischen den getrennten Welten schaffen kann, ist die vollständige körperliche Öffnung füreinander, das ekstatische Heraustreten aus der Hülle des Ichs, die uns in uns selbst einschließt.

Das aber ist an diesem Ort nur schwer möglich. Ausdrückliche Grenzziehungen für körperliche Annäherungen gibt es zwar nicht – man möchte ja progressiv sein. Allerdings steht auch und gerade diese Form von zwischenmenschlicher Kommunikation unter dem grundsätzlichen Vorbehalt, dass die Geisteskranken angesichts ihrer Unzurechnungsfähigkeit stets vor sich selbst geschützt werden müssen.

Jede Berührung wird daher zugleich als eine potenzielle Gefahrenquelle angesehen und muss folglich prinzipiell dem beobachtenden, protokollierenden, sezierenden Blick der Geisteswächter zugänglich sein. Erotische Abenteuer sind demnach hier eher etwas für Exhibitionisten – was ja im Grunde nur logisch ist: An einem abnormen Ort werden eben nur abnorme Formen der Sexualität geduldet.

Es gibt aber noch etwas anderes, das mich von Esther trennt, seit unser Leben aus der Bahn geworfen worden ist. Ein Element der Unaufrichtigkeit, etwas, das uns dazu zwingt, Masken zu tragen, hinter denen wir unsere wahren Gefühle voreinander verbergen.

Früher waren die Rollen zwischen uns klar verteilt. Esther war der ruhende Pol in unserer Beziehung. Sie war es, die als Anwaltsgehilfin ein regelmäßiges Gehalt nach Hause brachte, und sie war es auch, die dafür gesorgt hat, dass das bürokratische ABC des Lebens in einer modernen Gesellschaft – Steuererklärungen, Wahlbenachrichtigungsscheine, Mülltrennung … – von uns beachtet wurde.

Ich dagegen war für die Würze in unserem Leben zuständig – für die kulinarischen oder auch die erotischen Kicks, ohne die ein geregeltes Leben rasch in Überdruss münden kann. Das galt selbst für meine sporadischen Einnahmen. Wenn ich mal auf einem Kunstgewerbemarkt oder bei einem gnädigen Galeristen ein Gemälde verkaufen konnte, verbuchten wir die Extra-Einkünfte unter der Rubrik "Vergnügungsspesen" und leisteten uns davon einen ausgedehnten Restaurantbesuch oder gar – wenn ich mal etwas mehr eingenommen hatte – ein Wellness-Wochenende.

An diesem Ort aber funktioniert die alte Rollenverteilung nicht mehr. Mein Leben enthält längst keine Würze mehr – und wenn, dann schmeckt sie nach versalzener Suppe. Meine Seele hat ihre Farben verloren, schon lange habe ich kein Bild mehr gemalt. Wie sollte das an diesem Ort auch möglich sein?

Natürlich gibt es hier therapeutische Malkurse. Aber genau das ist ja das Problem: Wenn Kreativität nur noch als therapeutisches Mittel eingesetzt wird, erlischt zwangsläufig auch die Freiheit der Kunst. Kreativität ist hier kein Impuls für eine neue, befreiend andere Sicht der Wirklichkeit. Alle Produkte, die durch sie entstehen, gelten vielmehr als Symptome einer kranken, fehlgeleiteten Realitätswahrnehmung. Sie werden nicht als Fundamente einer neuen Welt betrachtet, sondern als Trümmer der alten, neu aufzubauenden Welt.

So aber – mit meinem jetzigen Leben, das sich anfühlt wie ein Wintermantel, den jemand in einem alten Kleiderschrank auf dem Speicher vergessen hat – verliert auch der ruhende Pol, den Esther einst repräsentiert hat, seine Bedeutung. Oder vielmehr: Er kann sich gar nicht mehr als solcher entfalten, weil er nur im Zusammenspiel unserer beider Leben als solcher wirken konnte.

Die Folge ist, dass Esther nur noch so tut, als würde sie in sich ruhen, während sie in Wahrheit von Sorgen zerfressen wird. Ich wiederum gaukle ihr eine unbeschwerte Schelmennatur vor, indem ich die fortgesetzte Erniedrigung, die das Leben hier für mich bedeutet, mit sarkastischen Bemerkungen zu überspielen versuche. Das, was wir einmal füreinander waren, ist zu einer sinnentleerten Maskerade erstarrt.

11. Verschwimmendes Erwachen

Dienstag, 22. November

Es muss schrecklich gewesen sein für Esther, als ich in jener Nacht nicht nach Hause gekommen bin. All die Horrorbilder, die stets in ihr aufstiegen, wenn ich mich spätabends noch im Wald herumtrieb – auf einmal ließen sie sich nicht mehr zurückdrängen. Sie überfielen sie wie eine Horde urzeitlicher Krieger, mit grimassierenden Dämonenmasken vor den Gesichtern.

Eine Zeit lang war es ihr – so hat sie mir später erzählt – noch gelungen, Frau Vernunft, die alte Oberlehrerin, zu Wort kommen und sich von deren Erklärungen einlullen zu lassen: Dass ich vielleicht, wie es ja in der Tat schon häufiger vorgekommen war, über meinen Bildmeditationen die Zeit vergessen hatte; oder dass ich bei meinem nächtlichen Waldspaziergang womöglich falsch abgebogen war und nun eine Ehrenrunde drehen musste.

Als ich aber um elf Uhr abends noch immer nicht heimgekehrt war, ließ sich das Sorgenfeuer endgültig nicht mehr austreten. Hell loderte es in ihr auf und erweckte die flackernden Angstbilder zum Leben.

Natürlich hatte sie längst versucht, mich auf dem Handy zu erreichen – aber es hatte sich immer nur die

Mailbox gemeldet. Schon das hatte sie in ihrer Angst bestärkt. Denn normalerweise war mein Handy im Wald, schon Esther zuliebe, nie ausgeschaltet. Klar, es gab da immer wieder Funklöcher, der Akku konnte leer sein – aber hatte ich den nicht vor ihren Augen aufgeladen, bevor ich aus dem Haus gegangen war? Und hatte ich ihr nicht erst vor Kurzem berichtet, dass das Netz im Wald in letzter Zeit viel besser geworden sei?

So hatte sie sich schließlich nicht mehr anders zu helfen gewusst, als die Polizei anzurufen. Am anderen Ende der Leitung: eine übermüdet klingende männliche Stimme. Professionell bemühte sich der Wachhabende um ein beruhigendes Timbre: Ob es nicht sein könne, dass der abwesende Freund einfach mal allein ausgegangen sei? Wir bräuchten doch alle mal unsere Freiheiten … Habe es eventuell einen Streit gegeben?

Als Esther all diese Mutmaßungen entschieden zurückwies, hatte der Polizist die Schranke vor seinem Telefonschalter heruntergelassen und sich auf die Vorschriften zurückgezogen: Man könne doch nicht nach jedem fahnden, der sich mal um eine Stunde verspäte. Ob sie selbst etwa wolle, dass man ihr auf Schritt und Tritt hinterherspioniere? Außerdem sei sein Kollege erkrankt, er sei allein und müsse beim Telefon bleiben, um auf Notfälle reagieren zu können. Fazit: Schlafen Sie erst mal eine Nacht darüber, morgen früh gibt es dann wahrscheinlich für alles eine ganz einfache Erklärung.

Das war richtig und falsch zugleich: Es gab eine Erklärung – aber einfach war und ist sie nicht. Bis heute halte ich nur Bruchstücke davon in den Händen, versprengtes Treibgut im Meer der Erinnerungen, das mir entgleitet, sobald ich danach greife.

Das Verrückte ist: Während Esther unruhig durch die Wohnung tigerte, während sie immer wieder versuchte, mich zu erreichen, sich überlegte, ob sie im Wald nach mir suchen solle – aber wo? Auf welchen Wegen? Was, wenn wir uns gerade dadurch verpassen sollten? – und die ganze Nacht über kein Auge zudrückte, lag ich nur ein paar hundert Meter von ihr entfernt auf einer Bank im Stadtpark.

Aber wie hätte sie das wissen sollen? Ich weiß ja selbst bis heute nicht, wie ich dorthin gekommen bin und wie lange ich da gelegen habe.

Meine Erinnerung setzt erst wieder in dem Moment ein, als ich – wohl weil ich im Schlaf versucht habe, mich auf die andere Seite zu legen – hart auf dem Kiesweg vor der Bank aufgeschlagen bin. Ich spüre noch immer, wie die Steinchen in mein Gesicht stechen, und ich weiß noch genau, welche Anstrengung es mich gekostet hat, mich auf den Rücken zu drehen und in das Laubdach über mir zu starren. Als Nächstes sehe ich die Blätter an mir vorbeiziehen wie grüne Wolken, verschwimmende Gebilde, die sich heimtückisch unter meinen Körper schieben und mich in ihren schwankenden Flug aufnehmen, so dass ich mich unmöglich aufrichten kann.

Nur indem ich all meine Kraft zusammennehme, gelingt es mir wenigstens, mich, den Rücken gegen die Sitzfläche der Bank lehnend, aufzusetzen. Mein Blick fällt auf eine breite Liegewiese. Ein paar alte Eichen haben sich darauf zu einer seltsamen Prozession versammelt, bei der sie einander immer wieder umkreisen. Druiden, denkt irgendetwas in mir, es muss sich um ein altes Druidenritual handeln. Und weil ich dabei unberechtigterweise zuschaue, beschießen mich diese Meister der Magie mit unsichtbaren Giftpfeilen, die einer nach dem anderen in meinem Kopf zerplatzen.

Mein erster klarer Gedanke war: Esther! Ich muss Esther anrufen und ihr sagen, dass ich noch am Leben bin. Aber war ich überhaupt noch am Leben? Esther musste es mir sagen, ihre Stimme würde mir Gewissheit geben!

Hektisch tastete ich nach meinem Handy. Jede Bewegung tat mir weh, meine Finger zitterten. Es war früh am Morgen, die Sonne war gerade erst aufgegangen, noch atmeten die Wege die nächtliche Kälte aus – aber die Kälte, die ich empfand, hatte ganz andere Ursachen.

Mein Smartphone war nirgends zu finden. Hatte ich es etwa verloren? Oder hatte es mir jemand weggenommen? Aber wer? Und wie? Erinnerungsfetzen – oder waren es Traumbilder? – trieben wie zerrissene Wolken an meinem inneren Auge vorbei, es gelang mir nicht, sie zu einem vernünftigen Bild zu formen.

Da hörte ich das knirschende Geräusch von Schritten, die sich mir auf dem Kiesweg näherten. Ich blickte zur Seite: Eine Gruppe von Frauen kam Walzer tanzend auf mich zu. Oder war es nur eine einzige Frau? Aber wie konnte sie ganz allein Walzer tanzen?

"Bitte – ich … ich muss dringend … telefonieren. Und mein Handy ist … ich weiß nicht, wo ich … oder … vielleicht auch gestohlen …" Ich hörte die Worte wie die eines Fremden aus meinem Mund tropfen. Meine Zunge fühlte sich an wie ein feuchter Waschlappen, den jemand in meinem Mund vergessen hatte.

Die Frau hatte angestrengt versucht, an mir vorbeizusehen. Jetzt aber, nachdem ich sie direkt angesprochen hatte, blieb sie doch stehen und schaute unschlüssig auf mich herab. Jemand blaffte mich an, erschrocken zuckte ich zusammen.

"Sitz, Egon!" hörte ich die Frau kommandieren. Erst jetzt bemerkte ich den Rauhaardackel an ihrer Seite. Schließlich zog sie ihr Smartphone aus der Jacke und entsperrte es. "Hier", sagte sie kurz angebunden. "Aber machen Sie schnell! Ich muss zur Arbeit."

Schwerfällig klaubte ich in meiner Erinnerung die Zahlenfolge von Esthers Handy zusammen. Beim dritten Versuch hatte ich die Nummer endlich richtig eingegeben. Ein Freizeichen, dann hörte ich Esthers Stimme. "Ich bin's – Carlo", stammelte ich.

"Um Gottes willen, Carlo!" rief Esther mir ins Ohr. "Ich habe mir solche Sorgen gemacht! Wo bist du denn?"

Ja – wo war ich eigentlich? Hilflos sah ich mich um. "Könnten … können Sie mir vielleicht sagen, wo wir uns hier … befinden?" fragte ich die Frau mit dem Rauhaardackel.

Sie schüttelte indigniert den Kopf. Wahrscheinlich dachte sie, dass ich Drogen genommen hätte. "Im Stadtpark", erklärte sie leicht gereizt. "Und jetzt geben Sie mir endlich das Handy zurück – ich muss weiter."

"Hast du gehört?" fragte ich Esther. "Im Stadtpark …"

Ich wollte der Frau ihr Smartphone reichen, ich hob sogar die Hand – aber da leuchtete plötzlich ein Feuerwerk vor meinen Augen auf, und dann brach, so schien es mir, schon wieder die Nacht herein, obwohl doch gerade erst die Sonne aufgegangen war.

12. Erträumte Heimkehr

Donnerstag, 24. November

Ich frage mich, ob das Resultat meiner Expedition in den Dschungel meiner Erinnerungen nicht eine einzige große Lüge ist. Oder vielmehr: ob die Version der Wirklichkeit, die ich dabei in archäologischer Wühlarbeit freilege, diese nicht am Ende so verzerrt wiedergibt, dass das tatsächliche Geschehen dahinter verschwimmt.

All die kleinen Details, von denen ich hier schreibe – Worte, die ich gehört zu haben meine, Bilder, die ich gesehen zu haben glaube, Gesichtsausdrücke, Gegenstände, Ereignisfolgen: Ist das nicht alles lediglich der buchhalterischen Pedanterie eines Geistes geschuldet, der Brüche in der Erinnerung, Leerstellen und fehlende Logik so wenig ertragen kann wie ein unaufgeräumtes Zimmer?

Vermischt sich in meinem Kopf nicht unaufhörlich wirklich Erlebtes mit vermeintlich Durchlebtem? Sind die vergangenen Geschehnisse für mich nicht längst eingefärbt von der Art und Weise, wie andere sie wahrgenommen haben? Ist meine Erinnerung nicht auch durch meine eigenen früheren Schilderungen geformt – so dass ich mich zum Teil vielleicht gar nicht an die Ereignisse selbst, sondern an meine eigenen Berichte darüber erinnere? Wird die Realität so nicht irgendwann vollends von der Fiktion überlagert?

Andererseits: Wenn ich meine Erinnerungen hier so fragmentarisch und chaotisch niederschreiben würde, wie mein Gehirn sie konserviert hat, wäre ja gar nichts gewonnen. Das Aufschreiben der Erinnerungen ergibt doch nur dann einen Sinn, wenn es mir gelingt, ihnen dadurch eine Form zu geben – eine Form, durch die das sinnlose Chaos in eine sinnhafte Gestalt überführt werden kann.

Natürlich kann diese Gestalt nie deckungsgleich sein mit der Wirklichkeit. Aber gibt es das überhaupt – *die* Wirklichkeit? Entsteht diese nicht überhaupt erst durch unser Bestreben, das faktische Chaos in eine wie auch immer geartete Ordnung zu überführen? Und gibt es dadurch nicht zwangsläufig ebenso viele Wirklichkeiten, wie es Menschen gibt?

Mag sein. Wahr ist aber auch: Es gibt gemeinsame Orientierungspunkte, Bojen, mit denen menschliche Gemeinschaften das aufgewühlte Meer der Dinge und Ereignisse einhegen, um ihre Bewegungen darin aufeinander abzustimmen. Und auch diese Bojen sind mir teilweise abhandengekommen. Manches verschwimmt einfach in einem so undurchdringlichen Nebel, dass es mir kaum noch möglich ist, innere und äußere Alpträume voneinander zu unterscheiden.

Zum Beispiel die Dame mit dem Rauhaardackel: Ich bin mir sicher, dass ich an dem Morgen im Park mit jemandem geredet habe – wie hätte ich sonst an das Handy kommen sollen, mit dem ich Esther angerufen habe? Aber wie diese Person genau ausgesehen hat, ob sie wirklich einen Hund bei sich hatte und ob es sich dabei tatsächlich um einen Rauhaardackel gehandelt hat – das alles kann ich nicht mehr mit Sicherheit sagen.

Vielleicht war es so, wie meine Erinnerung es mir eingeflüstert hat, vielleicht war es aber auch ganz anders. Der Hund kann zu einem anderen Spaziergänger gehört haben, das Gebell kann aus der Ferne an mein Ohr gedrungen oder in Wahrheit ein Poltern gewesen sein, das ich nur als Gebell in meinem Gedächtnis abgespeichert habe.

Fakt ist jedenfalls, dass niemand mehr bei mir war, als Esther mich schließlich gefunden hat. Sie regte sich furchtbar auf, dass die Spaziergängerin nicht bei mir gewartet hatte. Eigentlich, meinte sie, sei das sogar unterlassene Hilfeleistung. Was, wenn mein Gesundheitszustand doch ernster gewesen wäre? Sie selbst hätte in einer solchen Situation jedenfalls den Notarzt gerufen!

Genau darauf hätte ich allerdings gar keinen Wert gelegt. Ich war unendlich erleichtert, als ich mich mit Esthers Hilfe in unsere Wohnung geschleppt und auf dem Sofa ausgestreckt hatte. Endlich befand ich mich wieder in meiner gewohnten Umgebung!

Esther gab mir eine Kopfschmerztablette und ein paar Tropfen gegen die Übelkeit, dann ging sie in die Küche, um mir eine Ingwer-Gemüsebrühe zu kochen. Ich schloss die Augen und versank erneut in einem Meer aus dunklen Wolken – nur dass mir diese nun schon viel weicher vorkamen als zuvor im Park.

13. Die zwei Gesichter des Großvaters

Freitag, 25. November

Ein schwerer taktischer Fehler – ich habe Ándschela von dem Traum mit meinem Großvater erzählt. Sofort ist ihr Gesichtsausdruck von professioneller Langeweile in lüsternes Interesse umgeschlagen. Ich hätte es wissen müssen! Ein kleiner Junge mit mädchenhaftem Aussehen, der von einer Vatergestalt überwältigt wird – das ist ja fast wie aus dem Lehrbuch eines Sigmund-Freud-Jüngers.

Ich ärgerte mich, es zugelassen zu haben, dass mein Traum als Psychologinnen-Leckerli missbraucht wird. Warum hatte ich auch den Mund nicht halten können! Aber die ständigen Therapiesitzungen erzeugen eben unweigerlich den Druck, irgendetwas zu "beichten".

Ich weiß auch nicht, warum ich mich dabei immer noch um Ehrlichkeit bemühe. Die anderen sind mir gegenüber doch auch nicht aufrichtig! In Wahrheit geht es ihnen ja gar nicht um mich, sondern um das Bild, das sie von mir entworfen haben und an das ich angepasst werden soll. Da alles, was ich erzähle, ohnehin nur auf dieses Bild bezogen wird, tue ich den Seelen-Gurus letztlich sogar einen Gefallen, wenn ich Geschichten erfinde, die ihrem Bild von mir entsprechen. Und genau das werde ich ab sofort auch tun – irgendwelche Harlekinaden zum Besten geben!

Andererseits hat der Zwang, sich noch einmal an jedes Detail des Traums zu erinnern, mir dazu verholfen, seine Rätselsprache besser entschlüsseln zu können – wenn auch in ganz anderer Weise, als es Ándschelas Therapeutinnen-Baukasten nahelegt. Oft haben die Träume ja ihre ganz eigene Überzeugungskraft. Sie entfalten dann eine Sogwirkung, durch die man sich in ihrer Wirklichkeit verfängt und auch nach dem Erwachen zunächst gar nicht auf die Idee kommt, die Traumbilder von außen zu betrachten.

Natürlich hat mein Großvater mich nie unter Wasser getaucht. Ich hatte immer ein gutes Verhältnis zu ihm, ich liebte seine Abenteuergeschichten und die oft derben Späße, die er über die bigotten Freundinnen meiner Großmutter machte. Er war genau der Opa, den sich ein kleiner Junge wünscht – ein Opa, der dir ein paar Münzen für ein Eis zusteckt, wenn du Krach mit deinen Eltern hast; der aus der Sprache der Hunde übersetzen kann und dir die magischen Schokoladenkekse einer alten Indianerin in dein Baumhaus hinaufwirft.

Nur zu Katzen hatte mein Opa ein gestörtes Verhältnis. Er verabscheute ihre Markierungsgerüche, er fürchtete ihre Unberechenbarkeit, es juckte ihn am ganzen Körper, wenn eine von ihnen auch nur in seine Nähe kam. Ich sehe noch genau die Grimasse des Abscheus vor mir, zu der sich sein Gesicht verzog, als einmal in einem Biergarten eine Gruppe junger Kätzchen zwischen den Gästen herumtollte. Ich und mein

Bruder waren natürlich ganz begeistert und bettelten unsere Eltern an, eins der lebenden Wollknäuel mit nach Hause nehmen zu dürfen.

"Das ist doch Ungeziefer!" hatte mein Großvater da gezischt. "Die müsste man alle ertränken wie die Juden!"

"Aber Papa!" hatte meine Mutter ihm bestürzt zugeraunt. "So kannst du doch nicht reden ..."

Auch ich war ganz entsetzt gewesen von der ungewohnten Härte, die mein Großvater plötzlich an den Tag legte. Unter "Juden" konnte ich mir damals allerdings noch nichts vorstellen. So wurde "andere ertränken wie die Juden" für mich zu einem Synonym für die gespenstische Verwandlung eines gutmütigen, humorvollen Menschen in ein Scheusal, das vertrauensselige, wehrlose Lebewesen auf bestialische Weise zu töten bereit ist.

14. Die Wirklichkeitspolizei

Sonntag, 27. November

Die Wirklichkeit ist eine strenge Polizistin. Eifersüchtig wacht sie darüber, dass wir niemand anderen sehen als sie, wenn wir in den Spiegel blicken. Sollten wir es wagen, hinter den Spiegel zu schauen, blendet uns auch dort nur die spiegelnde Oberfläche ihres heruntergelassenen Visiers.

Man müsste sich schon sehr weit von dem Spiegel entfernen, um sich dieser wehrhaften Wirklichkeit zu entziehen. Selbst dann aber würden einen noch ihre rechthaberischen Spiegelungen verfolgen, das Blendwerk der durch sie gebrochenen Bilder, die sich längst in unser Gehirn eingebrannt haben und uns die Welt mit ihren Augen sehen lassen, wo auch immer wir uns aufhalten.

Die Wirklichkeit als Polizistin, die all unsere Gedanken und Gefühle überwacht – eine gruselige Vorstellung? Ja, aber noch gruseliger ist die Umkehrung des Bildes: die Polizei als Hüterin der Wirklichkeit, als herrschsüchtige Instanz, die Szenarien entwirft, denen sich die isolierten Ereignisse zu fügen haben – und die über die Macht verfügt, jene, die ihre Demiurgenkraft anzweifeln, zur Unterwerfung unter die von ihr erschaffene Welt zu drängen. Genau das ist es, was ich erlebt habe.

Die Brühe, die Esther mir an jenem Morgen gekocht hatte, war längst abgekühlt, als ich wieder zu mir kam. Obwohl sie es kaum erwarten konnte, eine genauere Beschreibung der nächtlichen Vorfälle zu bekommen, hatte sie mich doch in Ruhe gelassen. Denn sie wusste natürlich genau, dass es in meiner Situation keine bessere Medizin gab als Schlaf.

Nachdem sie mir die Brühe noch einmal aufgekocht hatte, konnte ich ihr endlich alles in Ruhe erzählen. Gebannt hörte Esther mir zu. "Und du meinst wirklich, dass die Typen den Mann ertränken wollten?" fragte sie, als ich fertig war mit meinem Bericht.

Ich nahm noch einen Schluck von der Brühe. "Ganz sicher kann ich das natürlich nicht sagen", räumte ich ein. "Schließlich habe ich mich ja gerade eingemischt, um das zu verhindern. Und an das, was nach meinem erzwungenen Alkoholexzess passiert ist, kann ich mich einfach nicht mehr erinnern. Eine Art von Waterboarding war es aber auf jeden Fall."

Nervös massierte Esther ihr Kinn. "Aber zu welchem Zweck? Kann es wirklich sein, dass du da auf so etwas wie eine militante Kameradschaft gestoßen bist, die gezielt Jagd auf die Sanspapiers macht?"

'Sanspapiers' – Menschen ohne Papiere: Diese Bezeichnung hatten wir in unserem ganz privaten Jargon schon immer dem Ausdruck "illegale Migranten" vorgezogen. Denn "ohne Papiere zu sein", ist eine neutrale Zustandsbeschreibung, wohingegen "illegal" eine

Wertung enthält. Als Adjektiv für eine bestimmte Personengruppe unterstellt der Begriff außerdem, dass ein Mensch illegal sein könnte. Er ist damit ethisch fragwürdig und logisch unhaltbar.

Ich holte tief Luft. "Auch das kann ich nicht mit Sicherheit sagen", entgegnete ich. "Theoretisch ist es durchaus auch denkbar, dass es um einen Streit unter Kriminellen gegangen ist – etwa unter verfeindeten Drogenbanden. Aber … die Art und Weise, wie diese Metzger mit ihrem Opfer umgegangen sind, diese ganzen verächtlichen Sprüche – all das hat für mich doch eher nach Faschos geklungen."

Irgendwann hatte es dann an der Tür geklingelt. Esther war aufgestanden, kurz darauf drang das Brummen einer männlichen Stimme an mein Ohr. Wahrscheinlich der Paketbote, dachte ich, stutzte dann aber. Täuschte ich mich, oder hatte der Mann an der Tür meinen Namen genannt?

Ich setzte mich auf, um genauer hinzuhören – aber da kam Esther auch schon zurück ins Wohnzimmer, gefolgt von zwei Polizisten. Der eine sah noch sehr jung aus. Ein paar nach oben gegelte Locken deuteten den gerade erst abflauenden Aufruhr der Pubertät an. Er sollte sich als reiner Statist erweisen, der die ganze Zeit über kein Wort sagte.

Der andere hatte mit seiner stämmigen Figur, dem Bürstenhaarschnitt und den Lachfalten im Gesicht eine Ausstrahlung wie ein Bärenpapa. Insgesamt ein recht vertrauensvolles Duo, fand ich. Ich nahm an, dass die beiden wegen meines Notrufs vom Vorabend gekommen waren – auch wenn mir nicht klar war, woher sie meine Adresse hatten.

"Die Herren haben eine Frage an dich", führte Esther den Besuch ein.

"Herr Carlo Iskalzi?" erkundigte sich der Bärenpapa ohne Umschweife.

Ich nickte. "Ja, das bin ich."

Der Mann knöpfte seine Uniformjacke auf und holte ein Smartphone heraus, das in einer durchsichtigen Folie steckte. "Ist das Ihr Smartphone?" fragte er mich.

Ich beugte mich vor. Smartphone ist Smartphone, eins ist wie das andere – aber die Hülle mit den Jugendstilmotiven, die neben dem Gerät lag, war doch eindeutig von mir. Esther hatte sie mir im letzten Jahr zum Geburtstag geschenkt. "Tatsächlich – das ist meins!" freute ich mich daher. "Wie haben Sie das denn so schnell gefunden? Ich habe den Verlust ja noch nicht mal gemeldet!"

Der Bärenpapa verzog keine Miene. "In diesem Fall muss ich Sie bitten, uns auf das Revier zu begleiten", verkündete er trocken.

"Aber wozu denn?" beschwerte sich Esther. "Sie sehen doch, dass es meinem Freund nicht gut geht! Er muss sich dringend ausruhen. Können Sie das Smartphone nicht einfach hier lassen? Die Formalitäten können wir doch auch später erledigen."

Der Beamte schüttelte entschieden den Kopf. "Darum geht es gar nicht. Das Smartphone ist zusammen mit dem Ausweis Ihres Freundes neben einer abgebrannten Jagdhütte gefunden worden. Herr Iskalzi steht deshalb unter dem Verdacht der Brandstiftung, in Tateinheit mit versuchter schwerer Körperverletzung."

15. Auf dem Polizeirevier

Dienstag, 29. November

Die stickige Luft in dem Polizeirevier … Noch heute habe ich den Eindruck, den ätzenden Geruch der frisch gestrichenen Wände in meiner Nase zu spüren, wenn ich daran zurückdenke.

Natürlich hatten Esther und ich, als wir uns nach der ersten Verblüffung wieder gefangen hatten, wie Ertrinkende auf die beiden Polizisten eingeredet, die mich der Brandstiftung bezichtigten. Mehrere Anläufe hatten wir unternommen, um sie davon zu überzeugen, dass es sich um eine Verwechslung handeln müsse. Schließlich hätte ich doch selbst angerufen, um ein Verbrechen anzuzeigen, außerdem sei ich danach selbst Opfer eines Verbrechens geworden. Ob sie sich sicher seien, dass die Brandstiftung sich nicht bei einer ganz anderen Jagdhütte ereignet hätte?

Aber wir hätten genauso gut mit dem Wohnzimmerschrank reden können. Die beiden Polizisten befolgten, so versicherten sie uns, lediglich ihre "Anweisungen". Und wenn man Männern in Uniform einmal Anweisungen gegeben hat, führen sie diese auch aus, ganz gleich, mit welchen Argumenten man sie davon abzubringen versucht.

Auf dem Revier lieferten Bärenpapa und Indianerlocke mich bei einem Beamten mit Halbglatze ab, der gerade die Papiere auf seinem Schreibtisch sortierte. Als er uns bemerkte, blickte er von seinen Papierstapeln auf. Hinter dicken Brillengläsern starrte mich der routinierte Überdruss eines langen Berufslebens an.

Der Mann führte mich in einen Nebenraum, wo wir uns an die gegenüberliegenden Enden eines Tisches setzten. Er schaltete ein Mikrofon ein, in das er allerlei Formalia nuschelte. "So, Herr Iskalzi", begann er dann. "Ich nehme an, man hat Sie darüber informiert, was Ihnen zur Last gelegt wird?"

"Ja", bestätigte ich, "aber …"

Er gab mir mit der Hand ein Stopp-Zeichen. "Moment! Lassen Sie uns die Angelegenheit doch bitte Punkt für Punkt durchgehen." Er blätterte in seinen Unterlagen. "Ich lese hier, dass Sie gestern Abend um 20.12 Uhr unsere Polizeidienststelle angerufen haben, um den Versuch des Ertränkens eines Mitbürgers anzuzeigen. Ist das korrekt?"

"Ja, das stimmt", entgegnete ich, leicht genervt von dem umständlichen Procedere.

Der Mann blickte wieder von seinen Papieren auf. "Würden sie mir bitte noch einmal ausführlich schildern, was Sie beobachtet zu haben glauben?"

Die Wendung "beobachtet zu haben *glauben*" missfiel mir zwar. Dennoch ergriff ich dankbar die Gelegenheit, das Geschehen endlich aus meiner Sicht schildern zu können.

"Ist das alles?" fragte mich der Beamte, als ich an der Stelle angelangt war, wo ich halb bewusstlos im Park erwacht war. Hinter seiner Brille, die seinem lauernden Blick etwas Eulenhaftes gab, sah er mich durchdringend an.

Auf mein Nicken hin zog er unvermittelt einen Computerausdruck aus einer Aktenmappe und legte ihn vor mich hin. Zu sehen war darauf ein Auszug aus einer Anti-Jagd-Website. "Kennen Sie diese Website?" fragte er mich.

"Ja", gab ich zu, "ich habe sie ein paar Mal besucht. Aber ich wüsste nicht, was ..."

"Stammt dieser Satz hier von Ihnen?" unterbrach er mich, auf eine Stelle in der Kommentarspalte deutend.

Ich nahm das Papier in die Hand und las: "Schade, dass Rehe nicht zurückschießen können ..."

"Ja", gestand ich, "das ist von mir." Dunkel erinnerte ich mich an die Diskussion, die diesem Kommentar vorangegangen war: Eine Spaziergängerin hatte ganz aufgeregt davon berichtet, dass ein Jäger direkt neben ihr auf einer Wiese ein Reh erschossen hatte, als dieses gerade aus dem Wald herausgetreten war.

Der Mann wechselte das Thema. "Kennen Sie diesen Hochstand?" fragte er mich, indem er mir ein Foto unter die Nase hielt. Es zeigte einen umgestürzten Hochstand, dessen Stützpfeiler offenbar angesägt worden waren.

Ich zuckte mit den Schultern. In der Tat hatte ich auf meiner Route durch den Wald vor nicht allzu langer Zeit einen umgefallenen Hochstand entdeckt. Ob es sich dabei jedoch um den Hochstand auf dem Foto gehandelt hatte, konnte ich beim besten Willen nicht sagen.

Wie ein Boxer, der zum finalen Schlag ausholt, präsentierte der Beamte mir ein weiteres Foto. Die Person, die darauf abgebildet war, war niemand anderes als ich, aufgenommen mit einer Wärmebildkamera vor demselben Hochstand.

"Kommt Ihnen diese Person bekannt vor?" fragte der Polizist mich mit einem Anflug von Ironie.

Ich verstand nicht, wo das Bild herkam und wie es auf den Tisch dieses Verhörraums gelangen konnte. Ich wusste zwar, dass es im Wald Kamerafallen gab, mit denen Jäger den Wildtierbestand kontrollierten – nicht aber, dass die Polizei Zugriff auf die dabei entstehenden Aufnahmen hatte.

Weit wichtiger erschien mir in dem Moment jedoch etwas anderes. Erst jetzt nämlich wurde mir vollends klar, wie das Konstrukt aussah, auf dem die Anschuldigungen gegen mich aufbauten.

Ich lachte höhnisch auf. "Aha – ich bin also ein radikaler Jagdgegner, der als Krönung seiner Missetaten eine Jagdhütte angezündet hat … Und warum habe ich dann von eben dieser Hütte aus die Polizei angerufen?"

Der Beamte lächelte süffisant. "Zwischen der Planung einer, wie Sie es nennen, 'Missetat' und deren Ausführung klafft eben eine große Lücke. Manch ein 'Missetäter' bekommt es mit der Angst zu tun, wenn er die tatsächlichen Auswirkungen seines Tuns erkennt – wie zum Beispiel einen großflächigen Waldbrand aufgrund eines Brandanschlags auf eine Jagdhütte. Da liegt es doch nahe, die Polizei unter einem Vorwand zu Hilfe zu rufen ..."

"Und um der Polizei die Arbeit zu erleichtern, habe ich dann gleich noch meine Visitenkarte – in Form meines Smartphones und meines Ausweises – am Tatort liegen gelassen", spottete ich. "Ist es das, was Sie sagen wollen?"

Aber der Mann mir gegenüber ließ sich nicht aus der Ruhe bringen. Sein Siegerlächeln ließ mich schlagartig verstummen. Ich begriff, dass er mir keine der tausend Fragen beantworten würde, die mir durch den Kopf schwirrten – weil es für ihn diese Fragen gar nicht gab.

Für mich aber, die ich in das Geschehen der vergangenen Nacht verwoben war, war es überlebenswichtig, Antworten auf all die ungeklärten Fragen zu finden: War die abgebrannte Jagdhütte wirklich dieselbe wie die, mit der ich es zu tun gehabt hatte? Hatten die Jäger versucht, mit dem Brand ihre Spuren zu verwischen? Und wenn ja: Wie hatte die Hütte so schnell niederbrennen können?

Hätte der Polizist, mit dem ich telefoniert hatte, nicht vor Ort sein müssen, bevor die Männer die Hütte anzünden konnten? Und wo war dieser Polizist überhaupt? Warum war er nicht zu dem Verhör hinzugezogen worden, um meine Aussage zu bestätigen? Steckte er etwa mit den Tätern unter einer Decke? Und was war aus dem Mann geworden, den die Jäger-Clique in der Hütte hatte ertränken wollen?

Überfallartig schlug die Welle der Fragen über mir zusammen. Ich hatte das Gefühl, keine Luft mehr zu bekommen.

II. In den Bergen

1. Die Kunst und die Berge

Mittwoch, 3. Mai

Seit ich aus der Klinik geflohen bin und mich in dieser Berghütte verkrochen habe, fühle ich mich wieder mit mir im Reinen. Eigentlich ist das unlogisch. Eigentlich müsste ich in ständiger Unruhe sein, eigentlich müsste jedes Rütteln des Windes an den Fenstern, jedes unerwartete Rascheln, jedes Knistern mich zusammenzucken lassen.

Eigentlich … In Wahrheit ist es aber nun einmal so, dass ich mich hier sicher fühle. Teilweise ist das natürlich ein rein subjektives Empfinden: Das, was mich bedroht, ist weit weg, es ist einfach nicht sichtbar. Andererseits haben Esther und ich diesen Ort auch mit Bedacht ausgewählt. Er liegt im Ausland, ich war schon ein paar Mal hier, die Leute unten im Dorf kennen und schätzen mich als zuverlässigen Pächter.

Niemand kann sich hier vorstellen, dass es sich bei mir um einen entflohenen Verbrecher handeln könnte. Umgekehrt kommt wohl auch in meiner alten Heimat niemand auf die Idee, ausgerechnet hier nach mir zu suchen.

Auch die leidige Frage, wie viele Wirklichkeiten es gibt, welche davon der Wahrheit am nächsten kommt und was aus mir wird, wenn meine Wirklichkeit dauerhaft für ungültig erklärt wird, berührt mich hier oben kaum. Nicht, dass die Frage ihre Bedeutung für mich verloren hätte – aber die Berge haben nun einmal ihre eigene Wirklichkeit, vor der alle anderen Wirklichkeiten verblassen.

Dieser relativierende Effekt der Bergwelt hat mich schon früher getröstet, wenn ich mich wieder einmal in meiner eigenen Kunst-Welt eingesperrt gefühlt hatte. Wenn ich in meinem Atelier zwischen all den Bildern stand, diesen Spiegelscherben meines eigenen Ichs, in denen sich meine Blicke auf die Welt brachen und deren Kakophonie von Stimmen in mich selbst zurückfloss. Manchmal kamen sie mir vor wie erwachsene Kinder, die sich weigern, von zu Hause auszuziehen, und so nicht nur sich selbst, sondern auch ihre Eltern daran hindern, sich neu mit der Welt zu verschwistern.

Vielleicht sind Kunstwerke ja auch wirklich ein bisschen wie Kinder. Sie müssen hinausziehen in die Welt, ihren eigenen Weg gehen, im lebendigen Kontakt mit anderen ihren eigenen Platz, ihre eigene Bedeutung finden. Jedes Kunstwerk ist auf ein Du hin angelegt, es braucht die Brücke zu einem lebendigen Gegenüber, um sich entfalten zu können. Ohne dieses dialogische Element ist es im Grunde gar nicht existent.

Natürlich trägt ein Kunstwerk seinen Sinn bis zu einem gewissen Grad auch in sich selbst. Subjektiv, von den Kunstschaffenden aus betrachtet, ist es eine ganz spezielle Art, mit der Welt in Berührung zu kommen, ein Sich-Anverwandeln der Welt, das zugleich auf deren Umwandlung und Neuerschaffung abzielt.

Diese sozusagen autarke Sinnhaftigkeit gilt aber nur für den künstlerischen Prozess selbst. Ist dieser abgeschlossen, so kann Sinnhaftigkeit für das Kunstwerk nur durch einen erneuten kreativen Prozess gewonnen werden, wie ihn die lebendige Auseinandersetzung anderer mit ihm darstellt. Da die Erschaffung von Kunst untrennbar mit der Entäußerung des Subjekts in seine Werke verbunden ist, bedingt die Verweigerung dieser Auseinandersetzung ein Stück weit immer auch dessen geistigen Tod.

Objektives Geschehen und subjektive Wahrnehmung sind aber auch in diesem Fall nicht deckungsgleich. Der geistige Tod wird von denen, die Kunst erschaffen, nur dann als solcher empfunden und wirkt sich dementsprechend auf ihre künstlerische Tätigkeit aus, wenn sie sich in ihrem Selbstverständnis auf jene soziale Realität beziehen, aus der sich ihr geistiger Tod ergibt. Siedeln sie dagegen in eine andere Wirklichkeit über, so sind sie immun gegen das, was in der sozialen Realität mit ihren Werken geschieht.

Eben diese Immunisierung bewirkt für mich das Leben in den Bergen. Es hat etwas von einem Leben in einem Kloster, wo die Betenden ja auch – unabhängig von dem Grad ihrer Berührung mit der sozialen Realität außerhalb des Klosters – in einer eigenen Welt leben, deren Gesetzmäßigkeiten sich fundamental von der Welt jenseits der Klostermauern unterscheiden. Vor allem wurzelt dort jeder kommunikative Akt – ganz gleich, an wen er sich richtet – in dem großen transzendentalen Du, aus dem die Meditierenden ihre Kraft schöpfen.

Dies bedeutet nicht, dass ich in meiner Berghütte den ganzen Tag über beten und meditieren würde. Auch die Bilder, die ich hier male, sind nicht etwa primär religiöser Natur. Es ist schlicht so, dass ich mich in meiner Ausdrucksweise hier oben nicht mehr so direkt von der sozialen Realität beeinflusst fühle, der meine Bilder entspringen und auf die sie auch nach wie vor abzielen.

Ich fühle mich hier viel freier, genau das zum Ausdruck zu bringen, was in mir um Ausdruck ringt, und es dabei auch so zu gestalten, wie es sich aus innerer Notwendigkeit ergibt. Ich nehme keine Rücksicht mehr auf mögliche Vorlieben derer, die das fertige Kunstwerk vielleicht irgendwann einmal mit ihren kreativen Verstehensprozessen zu neuem Leben erwecken.

Auch meine Einstellung zu meinem Tagebuch hat sich hier verändert. Natürlich ist ein Tagebuch kein Kunstwerk – ihm fehlt der Wille zur bewussten Gestaltung des Stoffes, der Letzteres auszeichnet. Dennoch schlägt sich meine neu gewonnene innere Unabhängigkeit auch ein wenig in meinen Tagebuchexerzitien nieder.

In der Klinik war die Wirklichkeit meiner dortigen Umgebung einfach übermächtig – einer Umgebung, die mich und meine eigenen Wirklichkeitsentwürfe bis ins kleinste Detail negiert hat. Das Schreiben war dort daher ein Akt des unausgesetzten Widerstands, ein fortwährender Versuch, mich gegen eine mich verleugnende Wirklichkeit zu behaupten. Eben dadurch musste ich mich aber notgedrungen andauernd auf diese Wirklichkeit beziehen, so dass die äußere Gefangenschaft letztlich auch zu einer geistigen Gefangenschaft geführt hat. Deshalb habe ich dort auch schließlich mit dem Tagebuchschreiben aufgehört – es hat mir einfach nicht zu der Freiheit verholfen, die ich mir davon versprochen hatte.

Hier dagegen bin ich beim Schreiben viel weniger auf jene soziale Realität fixiert, für deren "richtige" Wahrnehmung man mir die Kompetenz abgesprochen hat. Denn ich lebe hier eben in einer ganz anderen Wirklichkeit. So habe ich auch nicht mehr das Bedürfnis, schreibend einem imaginären Gegenüber etwas zu beweisen.

Stattdessen treten jetzt andere Gedanken in den Vordergrund, die stärker auf meine eigene Lebenswirklichkeit bezogen sind. Im Grunde wird das Tagebuch damit erst jetzt zu jenem inneren Zwiegespräch, wie es für diese Art des Schreibens charakteristisch ist.

2. Esthers Plan

Freitag, 5. Mai

Ein Brief von Esther – endlich! Ich habe schon angefangen, mir Sorgen zu machen. Es ist wirklich hart, mit dem Menschen, der einem das Liebste ist auf der Welt, nicht richtig Kontakt halten zu können – weil diejenigen, die mir meine Freiheit verweigern, das sofort ausnutzen würden, um mir die mühsam zurückgewonnene Freiheit wieder zu nehmen.

Außerdem verliere ich, nachdem ich nun schon über eine Woche in dieser ganz anderen Welt hier lebe, allmählich das Gefühl für die Wirklichkeit, die ich verlassen habe. Dabei entscheidet sich mein Schicksal doch eher dort als hier! Ich werde deshalb Esthers Briefe in mein Tagebuch einkleben. Sie werden mir eine sichtbare Brücke sein in das Leben, das ich hinter mir lassen musste.

Liebster Carlo!

Es ist schon ein merkwürdiges Gefühl, auf diese Weise mit Dir Kontakt aufzunehmen. Ist das nicht sogar das erste Mal, dass ich Dir einen Brief schreibe?

Und überhaupt: Wann habe ich eigentlich zuletzt einen Brief geschrieben – ich meine: einen richtigen Brief, in dem man im Geiste mit jemand anderem spricht, keinen Geschäfts- oder Behördenbrief, für den man sich einer automatenhaften Formel-

sprache unterwirft? Ich denke, das muss noch in meiner Schulzeit gewesen sein, als ich an einem dieser Programme für Brieffreundschaften in aller Welt teilgenommen habe. Damals gab es ja auch noch nicht überall Internet …

Ich erinnere mich noch an dieses Flaschenpostgefühl, wenn ich den Umschlag in den Briefkasten gesteckt und mir vorgestellt habe, wie er irgendwann in einem fernen, unbekannten Land von jemandem geöffnet wird. Und ich weiß auch noch, wie seltsam es war, Wochen später Antworten auf Fragen zu bekommen, die ich längst vergessen hatte.

Ich hoffe ja nicht, dass wir uns fortan auch mit dieser Art von intergalaktischer Kommunikation begnügen müssen, bei der das Signal, das heute in den Weltraum gefunkt wird, wochenlang unterwegs ist, ehe es sein Ziel erreicht!

Eigentlich habe ich auch jetzt kaum den Eindruck, meine Worte an Dich zu richten. Es fühlt sich eher an wie eine Art Selbstgespräch. E-Mails sind doch etwas ganz anderes. Allein schon die Möglichkeit, dass der Adressat direkt antworten könnte, verändert die Art des Schreibens. Das ist doch eher eine Vorform des Chattens, der verschriftlichten Unterhaltung.

Gut, für Dich haben sich die Dinge natürlich zum Guten gewendet. Ich aber fühle mich jetzt noch stärker von Dir abgeschnitten. In der Klinik konnte ich Dich wenigstens regelmäßig besuchen. Jetzt aber, wo wir auch noch auf eine mittelalterliche Form der Kommunikation ausweichen müssen, ist es wirklich so, als würdest Du auf einem anderen Planeten leben.

Aber Du hast natürlich Recht: Wir müssen vorsichtig sein und dürfen uns fürs Erste nicht sehen. Und E-Mails oder Handy-Kontakte sind ja bei den heutigen Überwachungsmöglichkeiten fast wie ein Lockruf für die Häscher. Das wäre viel zu gefährlich – ganz abgesehen davon, dass Deine Berghütte ja noch gar nicht im elektronischen Zeitalter angekommen ist. Was bleibt uns also anderes übrig, als auf diese altmodische, konspirative Weise miteinander in Kontakt zu bleiben?

Ich werde auch bestimmt daran denken, Deinen Nachnamen auf dem Umschlag durch den erfundenen Namen zu ersetzen, den wir uns ausgedacht haben – obwohl ich nicht glaube, dass Briefe im Zeitalter des Internets überhaupt noch groß durchleuchtet werden. Das lohnt sich doch einfach nicht mehr!

Die Bullen sind übrigens noch am Tag Deines Verschwindens bei mir aufgetaucht – der Bärenpapa war auch dabei. Ich habe natürlich die Ahnungslose gespielt und so getan, als wüsste ich nichts von Deiner Flucht. Klar, sie haben mir das nicht abgenommen – beweisen können sie mir meine "Mitwisserschaft" aber nicht. Also mussten sie sich notgedrungen auf die Untreuer-Freund-Nummer einlassen, die ich ihnen vorgespielt habe.

Übermorgen ist ja nun mein Vorstellungsgespräch bei Leppin! Du wirst mir doch die Daumen halten, ja? Obwohl – was für einen Ausgang ich mir wünschen soll, weiß ich eigentlich gar nicht. Das Eine wäre so unangenehm wie das Andere …

Vergiss mich nicht zwischen Deinen geliebten Bergen, hörst Du?

Es umarmt Dich fest und immer fester
Deine Dich liebende Esther!

Das Vorstellungsgespräch … Daran hatte ich gar nicht mehr gedacht! Ich bin mir noch immer nicht sicher, was ich davon halten soll.

Schließlich war das Ganze ja auch nicht meine Idee. Es war Esther, die die Stellenausschreibung für eine Referentin auf Leppins Website entdeckt hatte. Und sie war es auch, die vorgeschlagen hatte, sich auf die Stelle zu bewerben. So könnten wir, meinte sie, endlich etwas näher an diese Polit-Sphinx herankommen.

Natürlich wollte sie ihre Stelle in dem Rechtsanwaltsbüro dafür nicht aufgeben. Sollte die Bewerbung erfolgreich sein, würde sie, so sah es ihr Plan vor, einfach ihren Jahresurlaub für die Undercover-Aktion bei Leppin opfern.

Nüchtern betrachtet, ist das wohl in der Tat kein schlechter Plan. Leppin kennt Esther nicht, ihre Qualifikationen passen gut zu der ausgeschriebenen Stelle (es geht um die Organisation und Sichtung juristischer Expertisen), und ihr Äußeres ließe sich mit ein paar Kniffen leicht an das Bürohäschen-Ideal dieses Macho-Politikers anpassen.

Andererseits: Wenn Leppin der Verbrecher ist, für den ich ihn halte, ist die Aktion alles andere als ungefährlich. Ich war deshalb zunächst skeptisch und habe versucht, Esther von ihrem Vorhaben abzubringen. Sie aber meinte, es handle sich hier um eine einmalige Gelegenheit, und es sei fahrlässig, sie nicht zu nutzen.

So hat sie schließlich ihre Bewerbungsunterlagen abgeschickt – und ist dann auch tatsächlich in die engere Auswahl gekommen!

Es gefällt mir ganz und gar nicht, dass ich sie mit meinen Problemen in Gefahr bringe. Ich fühle mich fast schon wie eine Landmine, die jedem Unglück bringt, der ihr zu nahe kommt. Das war schon bei meiner Flucht aus der Klinik so. Warum musste auch ausgerechnet Magdalena mich auf meinem ersten Freigang seit meiner Einweisung in die Anstalt begleiten? Sie wäre die Letzte gewesen, der ich durch mein Ausbüchsen hätte Probleme bereiten wollen!

Aber hatte ich denn eine andere Wahl? Ich musste wegrennen, sobald sich die Gelegenheit dazu bot. Ich muss frei sein, um meine Wirklichkeit in der Welt, die mich verstoßen hat, wieder zur Geltung zu bringen.

3. Eine Bergtour mit Toni

Sonntag, 7. Mai

Abendessen in der Dorfwirtschaft: Der Männergesangsverein gibt eine Probe seines Könnens. Vibrierende Stimmen, großes Pathos. Was bleibt, ist die Empfindung einer gewaltigen Dissonanz. Die Lieder feiern die Schönheit der Heimat, die Texte sind voller Ehrfurcht vor den schroffen Felsen und den unerreichbaren Gipfeln – gleichzeitig wirken die Sänger aber alles andere als demütig. Sie scheinen eher von der Grandiosität der eigenen Gefühlswelt überwältigt zu sein als von der Schönheit der Bergwelt.

Vielleicht ist das ja die Folge eines Gewöhnungseffekts: Das dauerhafte Leben in den Bergen schwächt das Empfinden für die das menschliche Vorstellungsvermögen übersteigende Kraft, der die Bergwelt ihre Existenz verdankt. Stattdessen macht sich das Gefühl breit, als darin lebender Mensch selbst teilzuhaben an dieser Kraft. Die Folge ist eine Art Größenwahn, durch die sich das eigene Ich an die Stelle der Naturdemiurgin setzt. Wer aber aus diesem Größenwahn heraus handelt, zerstört am Ende genau jene Großartigkeit, aus der sich seine Allmachtsphantasien nähren: die in sich ruhende Harmonie einer unberührten Natur.

Ich muss an Toni denken. Er ist der Einzige, mit dem man hier über solche Themen sprechen kann. Aber er ist eben auch ganz anders als die übrigen Männer in diesem Dorf. Während deren Körper selbst ein wenig wie die Baumriesen wirken, die sie bei der Waldarbeit erlegen, hat Toni ausgesprochen zarte Gesichtszüge, schmale Schultern und einen tastenden, fast schon schwebenden Gang. So signalisiert schon seine äußere Erscheinung Widerstand gegen das hier vorherrschende Männlichkeitsideal.

Ich erinnere mich noch gut daran, wie wir einmal zusammen einen Berg bestiegen haben. Es war einer jener sonnigen Spätherbsttage, an denen das weichere, mütterliche Licht die Melancholie des Abschieds mit der tröstenden Gewissheit des Überdauerns umfließt. Alles wird wiederkehren, flüsterte es mir zu, alles wird sich irgendwann wieder in genau der gleichen Weise zeigen wie in diesem Augenblick, unabhängig von dir, der du nur der momentane Spiegel dieser Stimmung bist.

Toni, der ein leidenschaftlicher und versierter Kletterer ist, hatte extra mir zuliebe eine, wie er es nannte, "Oma-Tour" ausgewählt und auf Klettersteige sowie ausgesetzte Wege verzichtet. Allerdings waren trotzdem über tausend Höhenmeter zu überwinden. Entsprechend erschöpft ließ ich mich neben das Gipfelkreuz fallen, als wir endlich oben angekommen waren. Toni dagegen setzte sich, die Arme nach hinten abgewinkelt, wie nach einem entspannten Sonntagsspaziergang auf einen Felsvorsprung.

Eine Zeit lang war nichts zu hören außer meinem allmählich abflauenden Geschnaufe und dem heiseren "Krah-krah" zweier Raben, die uns umschwebten. Dann sagte Toni, ohne sich zu mir umzudrehen, in die Stille hinein: "Yes, Baby: Alles ist eins ..."

Ich kannte seine Sponti-Philosophie schon und reagierte deshalb in einem ähnlich flapsigen Ton: "Geistige Höhenflüge im Höhenrausch, was?"

Toni lachte. "Klar – ist doch besser als jeder Drogentrip! Aber im Ernst: Findest du nicht auch, dass hier oben die Gegensätze verschwinden? Du musst doch nur nach unten schauen: Die Grenzen verschwimmen, alles fließt ineinander, alles ist miteinander verbunden ..."

"Ja-ja", frotzelte ich. "Über den Gipfeln iss a Ruah ..."

Ich war müde und wollte mich ein wenig ausruhen. Toni aber ließ nicht locker. "Ich finde", spann er seinen Gedanken weiter, "von den Bergen lernen heißt: die Gegensätze überwinden; sie mit sich selbst versöhnen; sie in der eigenen Person zusammenführen."

Sein beharrliches Philosophieren reizte mich zum Widerspruch. "Aber sind Gegensätze nicht auch fruchtbar?" wandte ich daher ein. "Nicht umsonst sagt man doch: Gegensätze ziehen sich an."

Toni drehte sich halb zu mir um. Der Pferdeschwanz, zu dem er seine schulterlangen Haare zusammengebunden hatte, leuchtete im Gegenlicht wie ein Feuerschweif. "Ja, so sagt man", bestätigte er. "Richtig müsste es aber heißen: Unterschiede ziehen sich an. Ohne Unterschiede gäbe es keine Entwicklung, dann würde alles noch ungeschieden im kosmischen Urkern ruhen. Und für einen Menschen heißt geboren werden: unterscheidbar werden, ein Anderer werden. Das Ideal der Ununterscheidbarkeit, der Uniformität, ist das Ideal des Totalitären, nicht der Totalität. Das bedeutet aber noch lange nicht, dass wir Gegensätze brauchen, um einander anziehend zu finden. Zu starke Gegensätze führen langfristig immer zu Streit und Krieg."

Ich unterdrückte ein Gähnen. "Und wir zwei überwinden jetzt also die Gegensätze, indem wir die Gipfel erklimmen?"

Toni lehnte sich zurück und boxte mich freundschaftlich in die Seite. "Autsch!" beschwerte ich mich und boxte zurück.

Toni lachte. "Du musst halt immer auf der Hut sein", fügte er dann hinzu, wobei unklar war, ob er sich dabei auf seine Attacke auf mich oder auf seine philosophischen Ausführungen bezog. "Ein Leben in Gegensätzen kann dich sehr schnell innerlich zerreißen. Ich bemühe mich deshalb, meine verschiedenen Seiten erst gar nicht zu Gegensätzen werden zu lassen, sondern sie irgendwie miteinander zu verbinden. Das Ergebnis nenne ich dann: inneres Gleichgewicht."

Vielleicht erklärt sich aus dieser Haltung ja auch Tonis androgynes Wesen. Allerdings habe ich ihn nie gefragt, ob sich dahinter mehr verbirgt als nur das Bestreben, männliche und weibliche Teile seines Ichs miteinander in Einklang zu bringen – ob er sich also auch körperlich zwischen den beiden Geschlechterpolen bewegt. Damals, als wir zusammen auf dem Gipfel saßen, wäre mir eine solche Frage zu aufdringlich erschienen, vielleicht auch zu "erdverbunden" angesichts des komplexen geistigen Überbaus, mit dem Toni sein Leben zwischen den Gegensätzen begründet hatte.

Seltsam, dass ich ihn noch gar nicht gesehen habe. Sonst sind wir uns doch immer spätestens bei meinem ersten Besuch in der Dorfschenke begegnet. Ich sollte doch mal bei ihm vorbeigehen!

4. Esthers Maskerade

Mittwoch, 10. Mai

Nun ist es also passiert – Esther hat die Stelle bei Leppin bekommen! Nie hätte ich damit gerechnet! Für derartige Stellen gibt es ja in der Regel weit über hundert Bewerbungen. Schon dass Esther zum Vorstellungsgespräch eingeladen worden war, hatte mich gewundert. Aber dass sie nun wirklich das Rennen gemacht hat … Ich kann es einfach nicht glauben!

Jetzt mache ich mir erst recht Vorwürfe, dass ich sie nicht stärker von der Bewerbung abgehalten habe. Ich habe darin viel zu lange ein Spiel gesehen, einen Kinderstreich, etwas, das ja doch nie Wirklichkeit wird. Nun aber, nachdem Leppin sich tatsächlich Esther als neue Mitarbeiterin ausgeguckt hat, entwickelt das Ganze eine Eigendynamik, die schnell außer Kontrolle geraten könnte.

Esther scheint das nicht recht klar zu sein. Ihrem Brief nach zu urteilen, ist sie geradezu euphorisiert von ihrem Erfolg:

Tra-ra! Ein Tusch für die Neue im **Team Leppin***!*

Ja, Carlo-Schatz, das Vorstellungsgespräch war erfolgreich! Leppin hat mich tatsächlich eingestellt. Gleich heute Morgen, am Tag nach dem Treffen in seinem Büro, habe ich einen Anruf der Büroleiterin erhalten: "Herzlichen Glückwunsch, im Na-

men von Herrn Dr. Leppin heiße ich Sie in unserem Team willkommen ..."

Ich bin waaahnsinnig aufgeregt! Endlich sind wir mal einen Schritt weitergekommen! Arbeitsbeginn ist schon nächste Woche – ich kann es kaum erwarten, die Welt aus der Höhle des Löwen heraus zu betrachten!

Dass alles so glatt gelaufen ist, verdanke ich natürlich vor allem der generalstabsmäßigen Vorbereitung. Deine Tipps waren wirklich Gold wert! Das fängt schon bei der Kleidung an. Ich habe es exakt so gemacht, wie du gesagt hast: Minirock, darunter blickdichte Strumpfhose, darüber das auf Taille geschnittene Jackett, das wir letzten Sommer in der kleinen Boutique am Markt gekauft haben. Dazu ein dezentes Make-up, durch das mein knallroter Lippenstift besonders gut zur Geltung gekommen ist. Sexy, aber gleichzeitig elegant. Darauf ist der gute Herr Leppin voll abgefahren!

Gleich beim Eintreten habe ich gemerkt, dass das Kunstwesen, in das ich mich verwandelt hatte, genau sein Typ war. Er ist sogar von seinem Schreibtisch aufgestanden und mir entgegengekommen, um mich zu begrüßen. Dazu dieses wollüstige Funkeln in seinen Augen ... Manche Männer sind eben doch sehr leicht zu manipulieren! Auf bestimmte Schlüsselreize reagieren sie zuverlässig wie Hunde, denen das Frauchen ein Leckerli vor die Nase hält.

Auf dieser Basis war das Vorstellungsgespräch dann fast nur noch Formsache. Außerdem hatte ich mich ja auch auf die zu erwartenden Fragen akribisch vorbereitet. Alle meine Antworten waren Abwandlungen der Polit-Floskeln von Leppins

Website. Zwischendurch hatte ich manchmal sogar Angst, dass meine Worte nachgeäfft wirken könnten. Aber Leppin schien sich genau an dieser hundertprozentigen Übereinstimmung mit seinen Überzeugungen zu ergötzen.

Nach ein paar einleitenden Fragen zu beruflichem Werdegang und bürotechnischem Know-how, an denen sich auch seine Büroleiterin beteiligt hatte, war es gleich ans Eingemachte gegangen. Die Besprechung der neuen Datenschutzrichtlinien und ihrer Umsetzung im Büroalltag nutzte Leppin, um mir sicherheitspolitisch auf den Zahn zu fühlen.

"Es gibt ja Leute, die vertreten die Meinung, der Datenschutz vertrage sich nicht mit der Rasterfahndung", warf er betont beiläufig ein.

"Das sehe ich ganz und gar nicht so", zitierte ich aus seinem Wahlprogramm. "Ich denke eher, dass die Rasterfahndung eine Voraussetzung für echten Datenschutz ist. Der Datenschutz dient der Sicherheit, die Rasterfahndung auch – nur beides zusammen ergibt eine nachhaltige Schutzwirkung. Erst recht bei all den fremden Elementen, die in letzter Zeit in unser Land einsickern!"

Du kannst Dir kaum vorstellen, was für ein wohliges Nicken ich für diese Worte geerntet habe. Es hätte nicht viel gefehlt, und Leppin hätte angefangen zu schnurren! Er bettelte geradezu um ein weiteres Zückerli: "Dann stehen Sie dem Konzept der multikulturellen Gesellschaft also auch kritisch gegenüber?"

Ich streckte den Rücken durch. "Nicht nur das. Ich halte diese Idee für einen fatalen Irrweg. Für mich hat sie sogar etwas Got-

teslästerliches. Denn jede Nation ist unmittelbar zu Gott. Nur wer sie rein erhält, handelt gottesfürchtig."

Ich kam mir vor wie eine Bauchrednerin, die Leppins Stimme verschluckt hatte. Nur deshalb schämte ich mich auch nicht für das, was ich sagte. Ich hatte gar nicht den Eindruck, die Worte selbst auszusprechen.

Leppin nickte wieder wohlgefällig. "Ganz meine Meinung. Das hätte ich selbst nicht besser ausdrücken können. Sind Sie etwa auch so eine leidenschaftliche Herder-Leserin?"

Das war der einzige Moment, in dem ich ein bisschen ins Schwitzen geraten bin. Du weißt ja, dass die Philosophie nicht gerade mein Steckenpferd ist. Und mit Herder kenne ich mich schon gar nicht aus. Ich wusste noch nicht einmal, dass Leppin – oder seine Stichwortgeber – den Philosophen offenbar für die fremdenfeindlichen Worthülsen missbraucht haben, die ich bei meiner Antwort zitiert hatte.

Geistesgegenwärtig entgegnete ich: "O ja! Ich war schon immer eine Bewunderin dieses großen deutschen Denkers."

Glücklicherweise gab Leppin sich mit dieser Antwort zufrieden. Danach lief das Gespräch in belanglosem Geplänkel aus – anscheinend hatte er seine Wahl da schon getroffen.

Übrigens brauchst Du keine Angst zu haben, dass es Probleme geben könnte, wenn Du Deine Briefe weiterhin an meine Eltern schickst. Pakete lasse ich mir ohnehin an diese Adresse schicken, weil ich tagsüber ja fast nie zu Hause bin. Ob da jetzt noch ein Briefchen mehr oder weniger dabei ist, spielt überhaupt keine Rolle.

Schade ist nur, dass ich Deine Post dadurch nicht sofort bekomme. Aber die Briefe direkt hierher zu schicken, solltest Du wirklich nicht riskieren. Bloß nicht leichtsinnig werden, jetzt, wo wir endlich einen neuen Trumpf in der Hand halten!

Es herzt Dich inniger als jede Schwester
Deine Dich liebende Esther!

5. Außerirdische Augen

Montag, 15. Mai

Eine Neumondnacht in den Bergen bedeutet: Völlige Finsternis. Ende der Sichtbarkeit alles Irdischen. Versinken im Kosmos. Hier ist es nicht wie in den Städten, wo Tag und Nacht sich nur durch den Grad und die Art der Helligkeit unterscheiden. Hier sind Hell und Dunkel noch scharf voneinander getrennt. Die Dämmerung senkt sich wie ein Fallbeil herab, das die Lichtschnur vollständig kappt.

Erst in einer solchen Nacht habe ich begriffen, wie unpassend es ist, den Sternenhimmel in einzelne Bilder zu unterteilen und ihn so zu einer Art Märchenlandschaft herabzuwürdigen. Was für ein lächerlicher Versuch, das Unfassbare fassbar zu machen! An diesem Ort, wo der nächtliche Himmel seine natürliche Tiefenwirkung zurückerhält, ist es schier unmöglich, ihn wie eine Landkarte zu betrachten. Hier ertrinkt man förmlich in der Tiefe des kosmischen Meeres.

Einmal habe ich in einer solchen Nacht mit Toni zusammengesessen. Am Nachmittag hatte er mir einen neuen Kräuterlehrpfad gezeigt, bei dessen Beschilderung er mitgeholfen hatte. Es war ein warmer Tag gewesen, die aromatischen Düfte drangen mir durch alle Poren, ich hatte das Gefühl, auf einer Geruchswolke über die Wege zu schweben. Ich war ganz benommen davon.

Am Abend war es ziemlich schnell abgekühlt. Da aber die Luft noch immer ganz erfüllt war von den duftenden Erzählungen des Tages, wollten wir noch nicht ins Haus gehen. Also hatte Toni mit flinken Fingern ein paar Holzscheite übereinandergeschichtet und ein Feuer entzündet. Knisternd loderten die Flammen, von Toni zum Tanzen angestachelt, vor uns auf.

Als die Flammen langsam herunterbrannten, bis sich schließlich nur noch die Glutreste durch das Holz fraßen, legte ich den Kopf in den Nacken und tauchte mit den Augen in das Sternenmeer ein.

Ich spürte, wie Toni mir den Kopf zuwandte. "Vorsicht!" warnte er mich. "Das ist nicht ungefährlich, was du da machst."

"Ja", bestätigte ich, ohne meine Haltung zu verändern, "aber der steife Nacken ist mir dieses Schauspiel allemal wert."

"Täusch dich nicht", ermahnte mich Toni. "Wir hatten hier im Dorf mal einen Forsthelfer, der gerne einen über den Durst getrunken hat. Der ist in solchen Nächten nie mehr freiwillig nach draußen gegangen. Er hat nie sagen wollen, warum. Mir aber hat er es im Suff dann doch einmal erzählt: Die Sterne – das seien in Wahrheit alles Augen von Außerirdischen. Und wenn man nicht aufpasse, würden sie mit den Blicken in einen eindringen und einen zwingen, Dinge zu tun, die man eigentlich gar nicht tun wolle."

Kopfschüttelnd blickte ich zu Toni herüber – und stieß einen Schrei aus. Lautlos hatte Toni sich meine Sonnenbrille mit den übergroßen Gläsern geangelt und sie sich aufgesetzt. Mit der funkelnden Glut, die sich darin spiegelte, wirkte er nun in der Tat wie ein extraterrestrisches Insekt.

"Schäm dich!" schimpfte ich. "Dass du immer die Leute auf den Arm nehmen musst …"

Toni lachte, und auch ich musste gegen meinen Willen schmunzeln. Als ich nun aber den Blick wieder dem Himmel zuwandte, lief mir doch ein Schauer über den Rücken. Die Vorstellung, in ein Meer von außerirdischen Augen zu blicken, die alle mit ihren kosmischen Strahlen in mich eindrangen und mich nun in ihrem Sinne lenkten, war ja auch zu gruselig.

6. Wo ist Toni?

Donnerstag, 18. Mai

Heute bin ich doch mal bei Toni vorbeigegangen. Über Nacht hatte es geregnet, lautlos glitt das Wolkenlametta an den Bergflanken entlang. Mit einer leichten Verschiebung des Blickwinkels konnte man sich auch vorstellen, dass die Bewegungsrichtung umgekehrt war. Dann waren die Berggipfel gestrandete Götterkähne, die in dem Wolkenhafen dem neuen Tag entgegenschaukelten.

Toni wohnt auf einem schon etwas in die Jahre gekommenen Bauernhof, der sich auf halbem Weg zwischen Berg und Tal befindet. Für einen Flachländer wie mich ist es schon eine kleine Bergtour, dort hinaufzukraxeln – zumal ich von meiner Hütte aus erst ins Tal hinab- und dann wieder hinaufsteigen muss.

Bei dem Anwesen handelt es sich um den Elternhof von Tonis Mutter. Als die Großeltern gestorben waren und niemand den Hof hatte übernehmen wollen, war Toni dort eingezogen. Das Haupthaus und den ehemaligen Kuhstall hat er notdürftig renoviert, den Rest lässt er, wie er mir einmal gesagt hat, als "Freilichtmuseum" stehen. Vielleicht würde dereinst ja ein anderer die Gebäude aus ihrem Dornröschenschlaf erwecken. Mit Landwirtschaft hat Toni ohnehin nichts zu tun. Der Hof liegt auf Pachtland, die Felder werden von einem der örtlichen Bauern bestellt.

Als ich bei dem Anwesen anlangte, war niemand zu sehen. Das war allerdings nichts Besonderes. Toni ist viel unterwegs, außerdem ist auf dem weitläufigen Gelände von außen kaum zu erkennen, ob jemand zu Hause ist.

Wie üblich ging ich einfach über den breiten Hof auf den Kuhstall zu, den Toni in eine Mischung aus kleinem Sägewerk und Holzschnitzerwerkstatt umgebaut hat. Ich öffnete die knarzende Tür und rief ein lautes "Hallo!" in den Raum – aber niemand antwortete mir.

Mein Blick fiel auf eine halb fertige Holzskulptur im hinteren Teil der Werkstatt. Offenbar hatte Toni vor Kurzem noch daran gearbeitet. Vielleicht saß er ja bei einem zweiten Frühstück in seiner großen Wohnküche.

So begab ich mich zum Haupthaus. Obwohl es im Dorf allgemein üblich ist, einfach den Kopf zur Tür hereinzustecken und auf sich aufmerksam zu machen, klopfte ich anstandshalber an. Als aber niemand antwortete, drückte ich die Klinke herunter – doch die Tür war verschlossen.

Das war äußerst ungewöhnlich. Normalerweise schließt Toni noch nicht einmal ab, wenn er über das Wochenende zu einem Markt fährt, um ein paar Holzfiguren zu verkaufen.

"Das Dorf ist so abgelegen", hat er mir einmal erklärt, "da lohnt es sich für Einbrecher einfach nicht, hier nach geeigneter Beute Ausschau zu halten. Und dann schau dir den Hof doch an – was willst du da schon klauen?"

"Na ja", hatte ich eingewandt, "das Holz ist ja auch nicht ganz wertlos. Da könnte doch auch hier im Dorf mal jemand auf die Idee kommen, sich die Arbeit zu sparen und sich einfach bei dir zu bedienen."

"Das soll mal einer versuchen!" hatte Toni gelacht. "Dann weiß morgen das ganze Dorf davon, und der Schlaumeier hat sein Leben lang den Stempel als Holzdieb weg."

Nachdem sich auch nach längerem Klopfen und Rufen nichts im Haus regte, beschloss ich, mich bei Elisabeth, Tonis Mutter, nach ihrem Sohn zu erkundigen. Sie betreibt im Dorf einen kleinen Tante-Emma-Laden, so dass ich bei der Gelegenheit auch gleich meine Lebensmittelvorräte auffüllen konnte.

Beim Öffnen der Tür zu dem Ladenlokal begrüßte mich ein kleines Vogelkonzert. Toni hatte mir schon bei meinem letzten Besuch hier stolz von dieser Neuerung berichtet. Die frühere Ladenglocke hatte auch in der Tat einen unangenehm durchdringenden Ton von sich gegeben.

Elisabeth lächelte mich gastfreundlich an, als sie mich erkannte: "Ah, grüß dich! Auch mal wieder im Lande?" Mit ihrem vollen braunen Haar und den stets leicht geröteten Wangen war sie der lebende Beweis für die gesunde Luft in den Bergen.

"Ja-ja, der Ruf der Berge …", floskelte ich zurück.

Dann folgte auch schon der geschäftliche Teil: "Was darf ich dir denn Gutes tun?"

Wie üblich ließ es sich die stolze Ladenbesitzerin nicht nehmen, den Kunden bei der Zusammenstellung des Einkaufs tatkräftig zu unterstützen. Manches zauberte sie aus hinteren Regalreihen hervor, einige Produkte musste sie auch aus dem Lager holen.

"Den Käse hier habe ich neu", deutete Elisabeth auf die Probierstückchen auf der Ladentheke, während sie Tomaten und Karotten für mich in einer Tüte verstaute. "Den musst du unbedingt mal probieren …"

"Mmh … Der ist wirklich lecker", lobte ich. "Davon nehme ich auch noch 200 Gramm mit." Nach einer kurzen Pause ergänzte ich: "Du, was ich dich noch fragen wollte: Wo ist eigentlich Toni? Ich war eben auf seinem Hof oben, aber da war nichts von ihm zu sehen."

Tonis Mutter wurde seltsam einsilbig, als ich auf ihren Sohn zu sprechen kam. "Toni ist weggezogen", erklärte sie knapp.

"Wie – weggezogen?" Ich dachte, ich hätte mich verhört.

Angestrengt fixierte Elisabeth den Käselaib, von dem sie mir eine Scheibe abschnitt. "Er ist in die Stadt gezogen, zum Studieren. Es war ihm halt zu eng hier."

Toni sollte in die Stadt gezogen sein? Er, der so verwachsen war mit den Bergen, dass ich ihn mir in der Stadt genauso wenig vorstellen konnte wie eine Enzianblüte am Meer? Das war schier undenkbar!

Er hatte zwar nie einen Hehl daraus gemacht, dass ihm die geistige Enge des Dorflebens manchmal aufs Gemüt schlug. Andererseits war er aber auch selbst ein Teil dieses Dorflebens. Er ließ kein Fest aus, arbeitete engagiert in der Bergrettung mit und hatte nicht zuletzt stets seine Mutter unterstützt, die den einzigen Lebensmittelladen des Dorfes betrieb. Irgendetwas stimmte hier also nicht.

"Ehrlich gesagt", bekannte ich daher vorsichtig, "kommt mir das etwas merkwürdig vor. Toni liebt doch diesen Ort, auch wenn ihm manches hier gegen den Strich geht! Und ist er nicht auch viel zu alt zum Studieren?"

Elisabeth reichte mir die Tüte mit meinen Einkäufen. "Mit Anfang 30 kann man schon noch mal neu anfangen", nuschelte sie, haarscharf an mir vorbeischauend.

Das Vogelkonzert ertönte. Einer der Großbauern betrat den Laden. "Grüß dich, Franz!" rief Elisabeth ihm zu.

"Ich kann einfach nicht verstehen, wie …", setzte ich noch einmal an.

Mit einem energischen Kopfschütteln brachte Elisabeth mich zum Schweigen. "Nicht hier", sagte sie halblaut. Und dann, nach einem kurzen Zögern: "Komm morgen Abend bei mir vorbei. Dann erzähle ich dir alles."

7. Esther in der Höhle des Löwen

Freitag, 19. Mai

Erst fünf Uhr morgens – aber für mich ist die Nacht vorbei. Ein alberner Traum hat mich um den Schlaf gebracht: Ich sitze noch einmal mit Toni am Feuer, er hat wieder meine Sonnenbrille mit den übergroßen Gläsern auf der Nase.

Wir plaudern über dies und das, ich schaue in die Sterne … Da beschleicht mich plötzlich ein merkwürdiges Gefühl. Irgendetwas hat sich verändert – aber was? Ich drehe den Kopf zur Seite, und ich erkenne: Neben mir sitzt nicht mehr Toni, hinter der Sonnenbrille verbirgt sich ein ganz anderes Gesicht, das Gesicht eines Menschen, den ich nur einmal ganz kurz gesehen habe und doch nie vergessen werde.

Es ist wie so oft bei Alpträumen. Viele von ihnen haben etwas Groteskes: Sie sind schrecklich und komisch zugleich. Sobald wir aufwachen, können wir kaum noch verstehen, dass die lächerlichen Bilder uns den Schlaf rauben konnten. Und doch bleibt das Gefühl eines dumpfen, eisigen Lufthauchs zurück, wie wenn jemand in unserem Inneren die Tür zu einer Kammer geöffnet hätte, die wir schon seit Urzeiten nicht mehr betreten haben.

Ich hätte Esthers Brief vor dem Einschlafen nicht noch einmal lesen sollen …

So, Carlo, mein Schatz,

jetzt will ich Dir aber endlich mal von meinem Undercover-Einsatz bei Leppin berichten. Leider ist es für die letzte Briefkastenleerung nun schon zu spät. Warum ich Dir erst jetzt schreibe? Nur Geduld, das wirst du gleich erfahren! Zum Trost kann ich Dir aber jetzt schon versprechen, dieses Mal etwas Handfestes zu liefern (siehe "Anlage").

Heute früh, als ich die neue Stelle angetreten habe, habe ich Leppin zunächst einmal von einer ganz anderen Seite kennengelernt. Er ist ja sonst immer sehr um Haltung und Contenance bemüht und zeigt sich Frauen gegenüber als Charmeur der alten Schule. Am heutigen Morgen aber wirkte er eher wie eine Mischung aus Bluthund und ausgehungertem Löwen. Er tauchte mit blutunterlaufenen Zombie-Augen im Büro auf und verbreitete eine Stimmung wie ein Käfigtiger, der schon mehrere Tage nichts Anständiges zu futtern bekommen hat.

Klar, das war nicht gerade angenehm. Andererseits hatte ich dadurch einen Anlass, mit der Büroleiterin ausgiebig über Leppin zu tratschen. Sie heißt Karin, hat mir gleich das Du angeboten und ist auch sonst – im Vergleich zu ihrem steifen Vorgesetzten – überraschend locker. Den Vormittag über hat sie mich mit viel Geduld in die Arbeitsabläufe eingewiesen: Wie ist der Telefondienst geregelt, wo steht der Drucker, wie möchte der Chef die Vorlagen geordnet haben … Zwischendurch hat sie immer wieder nach dem fauchenden Bluthundlöwen im Nachbarzimmer geschaut.

Nachdem Leppin sich endlich zu einer Verabredung verabschiedet hatte – vermutlich mit seinem Bett –, schlug Karin vor, gemeinsam zu Mittag zu essen. Ganz in der Nähe des Büros gebe es einen indischen Imbiss, wo man für wenig Geld was Schmackhaftes zwischen die Kiemen bekomme. Das war natürlich eine ideale Gelegenheit, Informationen abzuschöpfen!

"Sag mal", läutete ich die Fragestunde ein, als wir uns mit unserem Reiscurry an einem der Klapptische niedergerlassen hatten, "der Chef ist heute ja gar nicht gut drauf ..."

Karin verdrehte die Augen. "Das ist immer so nach seinen Herrenabenden. Du weißt ja: Männer! Ständig müssen sie sich und anderen beweisen, dass sie den Größten haben. Und beim Herrenabend heißt das eben: Saufen bis zum Umfallen."

"Komisch – ich hätte ihn gar nicht so eingeschätzt", log ich, um noch mehr Informationen aus Karin herauszukitzeln. "Er macht ja sonst eher einen vornehmen Eindruck."

Karin machte eine abschätzige Handbewegung. "Nach außen hin vielleicht. Aber sonst? Gut, unser Chef hat sicher auch seine guten Seiten. Aber ein Engel ist er bestimmt nicht. Schon gar nicht, was den Umgang mit den Damen in seinem Umfeld anbelangt – wenn du verstehst, was ich meine ..."

"Aber dass er an regelrechten Herrenabenden teilnimmt ... Ich hätte ihn eher in die Golf- und Prosecco-Fraktion eingeordnet", kitzelte ich weiter.

"Na ja", schränkte Karin ein, "Herrenabend ist vielleicht auch das falsche Wort – das habe ich nur so dahingesagt. Wahrscheinlich deshalb, weil er für die Treffen immer so einen Namen

benutzt, der nach Burschenschaft klingt: Germania, Herrmania, Sternhagelvollandia oder so ..."

Na bitte – das war doch schon mal was! Leppin ist also Mitglied in einem burschenschaftsähnlichen Verein. Damit hatte ich zumindest schon mal einen Ansatzpunkt für meine Wühlarbeit.

Und meine Glückssträhne ging sogar noch weiter! Am Nachmittag hatte Karin einen Friseurtermin. "Du kommst doch jetzt allein zurecht?" hat sie kurz gefragt – dann ist sie abgerauscht.

Und ob ich allein zurechtkam! Sobald ich mir sicher war, dass außer mir niemand im Büro war, bin ich in Leppins Arbeitszimmer rübergegangen und habe den Computer hochgefahren. Das Ziel meiner Wünsche: alles, was nach organisierter Herrenclique oder Männerbund roch.

Ganz so einfach, wie ich mir meine Recherche vorgestellt hatte, war sie dann aber doch nicht. In Zeiten permanenter Warnungen vor Datendieben sind die Passworte eben nicht mehr so leicht zu erraten wie früher – erst recht nicht bei einem politischen Chamäleon wie Leppin, bei dem die Camouflage längst zur zweiten Natur geworden ist. Vorname, Nachname, Initialen, markante Zahlenfolgen (Geburtsdatum, Nationalfeiertag, Tag des Einzugs ins Parlament ...) – mit nichts ließ sich der Jackpot knacken.

Ich wollte die Suche schon aufgeben, da fiel mein Blick auf einen neben dem Stuhl liegenden USB-Stick. Unpässlich, wie Leppin an diesem Morgen war, war ihm der Stick wohl heruntergefallen.

Ohne groß nachzudenken, habe ich den Stick in den Computer gesteckt. Was sich dann auf dem Bildschirm vor mir ausbreitete, hat mich allerdings nicht gerade vom Hocker gehauen. Der Stick enthielt nichts als eine Fotogalerie. Lauter Männer in feucht-fröhlicher Stimmung. Mittendrin: Leppin. Offenbar hat er den Stick beim letzten Saufgelage bekommen, in Erinnerung an ein länger zurückliegendes Besäufnis.

Die Bilder wirken wie die hundertfache Variation ein und desselben Bildes. Auf jeder Aufnahme sieht man in grölende, feixende, grimassierende Männergesichter. Ein echter Horrortrip!

Aber vielleicht, habe ich mir gedacht, kannst Du ja mit dem B-Movie mehr anfangen. Ich habe deshalb ein paar Bilder ausgedruckt, auf denen die Anwesenden besonders gut zu erkennen sind. Natürlich nicht auf dem Drucker hier im Büro – das wäre mir dann doch zu riskant erschienen. Gleich um die Ecke ist ein Copy-Shop, da habe ich alles ganz unauffällig erledigen können.

Als ich von dort zurückkam, war auch Karin wieder da. Ich musste warten, bis sie gegangen war, um den USB-Stick in Leppins Büro zurückbringen zu können. Danach war es schon zu spät für die letzte Briefkastenleerung – außerdem wollte ich Dir ja auch noch ausführlich von meinen Erlebnissen berichten.

Tut mir leid, dass ich Dir nichts Schöneres schicken kann! Aber Du hast ja die Berge um Dich herum – das tolle Panorama wird Dich sicher für die Gruselbilder entschädigen.

Wie gerne würde ich jetzt zusammen mit Dir über den herrlichen Höhenweg hinter Deiner Hütte streifen …

"Du bleibst mein Schatz, mein Bester!"
haucht Deine Dich liebende Esther.

Esther hatte nicht zu viel versprochen: Die Bilder waren wirklich gruselig. Allerdings nicht nur wegen all der zähnefletschenden Säufermienen, in denen sich die Entfesselung der inneren Bestie widerspiegelte. Mindestens ebenso erschreckend war für mich das Ambiente, in dem das Saufgelage stattfand. Ich bin mir ziemlich sicher, darin die Jagdhütte erkannt zu haben, in der mein Alptraum seinen Anfang genommen hat.

Zwar unterscheidet sich eine Jagdhütte nicht groß von der anderen. Es gibt jedoch einige recht spezielle Details, die sich damals in mein Gehirn eingebrannt haben: die Wanduhr, deren Ziffern aus Hasenohren geformt sind und in deren Mitte ein Jäger auf einen Hasen anlegt; das Hirschgeweih, an dem ein Schlüssel baumelt (vielleicht für die Toilette); der Kronleuchter, der in der zünftigen Hütte so deplatziert gewirkt hat. Und all diese Dinge waren auf dem einen oder anderen Bild aus der Sammlung, die Esther mir zugeschickt hat, zu erkennen.

Noch mehr zusammengezuckt bin ich allerdings, als ich auf den Bildern einige der Sadisten wiedererkannt habe, die damals mich und jene verschollene, mir unbekannte Person misshandelt haben. Mindestens drei der Männer auf den Fotos waren an dem fraglichen Abend mit dabei. Sicher erkannt habe ich die beiden, die mir den Schnaps eingeflößt haben, und den Anführer. Sein kantiges Gesicht mit den stechenden blauen Augen und dem grau-braunen Dreitagebart werde ich nie vergessen. Es hat mich auch letzte Nacht wieder in den Schlaf verfolgt.

Klar ist jetzt jedenfalls: Die Männer haben sich seinerzeit wahrscheinlich mit Wissen und Billigung Leppins in der Hütte aufgehalten! Anfangs habe ich gedacht, dass ich damit einen großen Schritt weitergekommen wäre, da so zumindest von einer Mitverantwortung Leppins für das Geschehene auszugehen war. Dann aber ist mir bewusst geworden, dass diese Schlussfolgerung nur in meiner eigenen Welt gilt, deren Realitätsgehalt ja in der anderen, maßgeblichen Welt bestritten wird.

Wenn man davon ausgeht, dass ich mir die Vorfälle in der Jagdhütte nur einbilde oder sie gar böswillig erfunden habe, ist die Erkenntnis, dass Leppin die von mir beschuldigten Männer kennt, ohne jede Bedeutung. Dann beweisen die Bilder lediglich, dass er mit anderen in der Hütte gefeiert hat, ehe sie abgebrannt ist. Eine Verbindung zu einem Verbrechen lässt sich daraus nicht ableiten.

Was wir jetzt auf keinen Fall tun sollten: Leppin mit dem neuen Erkenntnisstand konfrontieren. Wer weiß, wozu er fähig ist, wenn er sich bedroht fühlt! Und solange meine Version der Geschichte als unglaubwürdig gilt, könnte er seine Rachegelüste sogar ausleben, ohne dass der Verdacht zwangsläufig auf ihn fällt.

Hoffentlich passiert Esther nichts! Am besten bricht sie die ganze Aktion jetzt sofort ab. Mehr als das, was sie schon herausgefunden hat, wird sie wahrscheinlich ohnehin nicht zutage fördern. Das Ganze ist einfach viel zu gefährlich!

8. Elisabeths Geschichte

Samstag, 20. Mai

Mittlerweile mache ich mir ernsthaft Sorgen um Toni. Der Besuch bei seiner Mutter hat mir auch nicht zu mehr Klarheit verholfen. Eher hat er noch mehr Fragen aufgeworfen!

Tonis Mutter wohnt im Elternhaus ihres Mannes, eines Forstarbeiters, der vor Jahren bei Baumfällarbeiten ums Leben gekommen ist. Im Vergleich zu den Palästen, welche die hiesigen Großbauern für sich und ihre Familien errichtet haben, handelt es sich um ein bescheidenes, fast schon ärmlich wirkendes Holzhaus. Innen ist es aber sehr geräumig. Es verfügt über eine Wohnküche mit einer Eckbank, auf der auch eine größere Familie Platz finden würde, außerdem ist das Dachgeschoss ausgebaut.

Elisabeth hatte sogar etwas gekocht für uns: etwas, das sie "Knödel" nannte, obwohl es eher aussah wie Frikadellen. Es schmeckte nach würzigem Käse und Knoblauch, außerdem hatte Elisabeth eine gehörige Portion Chili unter den Teig gerührt. Gemildert wurde die Schärfe durch die süß-sauer eingelegten Zucchini, die es als Beilage gab.

Als wir fertig gegessen hatten, kam Elisabeth schließlich zur Sache. "Was Toni anbelangt … Hast du schon mal etwas vom Bergbauernbündnis gehört?"

Ich schüttelte den Kopf. "Bergbauernbündnis? Nein … Klingt ein bisschen nach Almwirtschaft …"

Elisabeth lachte bitter auf. "Wenn's nur das wäre! Nein, die wesentlichen Ziele des Bündnisses haben recht wenig mit der Almwirtschaft zu tun. – Soll ich dir noch etwas Wein nachschenken?"

"Gern – der schmeckt wirklich ausgezeichnet!"

Sie füllte mein Glas bis zur Hälfte auf, ich goss mir etwas Sprudel dazu, dann erklärte sie: "Die Gründung des Bündnisses geht auf die dreißiger Jahre des vergangenen Jahrhunderts zurück. Du weißt ja, es gab damals überall Unruhen und Aufstände, dazu schon die ersten gezielten Verfolgungen von Menschen, die anderen nicht in den Kram passten. Viele waren auf der Flucht, und einige hat es auch in diese Gegend verschlagen. Abgeschiedene Bergtäler waren eben schon immer ein beliebter Unterschlupf für Menschen, die sich für eine gewisse Zeit unsichtbar machen müssen."

Elisabeth sah mir fest in die Augen. Sollte das etwa eine Andeutung sein? Wusste sie doch mehr über die Gründe meines Hierseins, als ich gedacht hatte?

Aber Elisabeth hatte ihren Blick schon wieder von mir abgewandt. Ihre Weinschorle fixierend, tauchte sie wieder in die Vergangenheit ein: "Meine Großmutter hat mir immer von dem tiefen Riss erzählt, der schon damals durch dieses und andere Bergdörfer ging. Auf der einen Seite standen die Forstarbeiterfamilien, einfache Leute, die selbst kaum über die Runden kamen, aber eben deshalb mit den armen Teufeln mitfühlten, die da plötzlich vor ihren Hütten auftauchten. Sie ließen die Neuankömmlinge oft ohne viel Tam-Tam im Stall übernachten und zweigten eben einen zusätzlichen Teller von dem täglichen Eintopf ab."

Elisabeth trank einen Schluck von ihrer Weinschorle, dann fuhr sie fort. "Auf der anderen Seite standen die Großbauernsippen. Für sie waren die Neuankömmlinge zersetzende Elemente, eine ernsthafte Bedrohung für Tradition und Kultur. So gründeten sie das Bergbauernbündnis, das die Heimat gegen die Fremden verteidigen sollte. In Eigenregie führten sie, meist mit Zustimmung oder zumindest stillschweigender Duldung des einzigen Dorfpolizisten, Razzien bei den Forstarbeitern durch – was natürlich regelmäßig zu Reibereien führte und die Spaltung im Dorf auf Jahre hinaus zementierte."

Die große Standuhr im Wohnzimmer schlug sieben Mal. Für die Jahreszeit war es noch nicht allzu spät, aber durch die dichten Wolken drang kaum noch Licht ins Tal. Wenigstens hatte es aufgehört zu regnen.

"Nach dem Krieg", erzählte Elisabeth weiter, "hat das Bergbauernbündnis dafür gesorgt, dass sich in der Gegend nicht ein einziger Vertriebener ansiedeln konnte. Außerdem haben seine Mitglieder einen Kleinkrieg gegen Angehörige anderer Volksgruppen begonnen, auch wenn davon nur noch einige wenige in der Region lebten. Wehe, sie versuchten, in Kulturvereinen ihre Sprache zu pflegen oder gar ein eigenes Schulfach dafür zu bekommen! Da wurde sofort der Untergang der Kultur beschworen und die Politik so lange unter Druck gesetzt, bis am Ende allenfalls ein paar Brauchtumsbrosamen übrig blieben. Und gegen den Wunsch der Minderheiten, die Ortsschilder auch in ihrer eigenen Sprache beschriften zu dürfen, wurde mobil gemacht wie in einem Heiligen Krieg."

"Hatten die Leute damals nicht vielleicht einfach nur Angst vor dem Verlust ihrer Heimat?" warf ich ein. "Davor, dass die Neuankömmlinge als Vorwand dafür herhalten müssten, das Tal zu 'erschließen', wie man so sagt, und die Natur wirtschaftlichen Interessen unterzuordnen?"

Elisabeth winkte ab. "Das Problem ist ja gerade, dass diejenigen, die den Schutz der Heimat beschwören, oft die Ersten sind, die mit deren Ausverkauf ihre Geldsäckel mästen. Hartmut, der neue Häuptling des Bergbauernbündnisses – er ist übrigens gleichzeitig Ortsbürgermeister –, ist dafür das beste Beispiel. Sein ständiges Wettern gegen die ach so schädlichen fremden Kultureinflüsse, die unsere guten alten Traditionen so schrecklich verunreinigen, ist ein pures Ablenkungsmanöver. In Wahrheit geht es ihm nur ums Geldscheffeln. Wenn Heimat und Kultur dabei auf der Strecke bleiben, ist ihm das ganz egal. So ist ja auch der Konflikt mit Toni entstanden."

Elisabeths Blick verlor sich für einen Augenblick in dem Besteck, das sie auf ihrem Teller abgelegt hatte. Vielleicht überlegte sie, ob sie zwischendurch abräumen sollte. Vielleicht musste sie aber auch erst neue Kraft schöpfen, ehe sie weitererzählen konnte.

"Soll das heißen, dass Toni sich mit diesem Verein angelegt hat?" hakte ich vorsichtig nach.

Elisabeth seufzte. "Toni hat eben immer wieder den Finger in die Wunde gelegt. Er hat diesen Leuten den Spiegel vorgehalten und ihnen bei jeder Gelegenheit ihre Scheinheiligkeit vorgeworfen. Auch ihren, wie er es genannt hat, 'Traditionsbewahrungsfirlefanz' hat er oft genüsslich zerpflückt. Wie denn eine lebendige Kultur ohne permanenten Wandel möglich sei, hat er sie gefragt. Jeder Friedhof sei doch lebendiger als die Kultur, die von ihnen propagiert werde."

"Typisch Toni!" lachte ich.

Elisabeth rang sich ein Lächeln ab. "Ja, er ist wirklich keiner, der aus seinem Herzen eine Mördergrube macht. In diesem Fall wäre das aber vielleicht besser gewesen. Das Problem ist nämlich, dass Hartmut, sein Hauptgegner, als Ortsbürgermeister über den nötigen Einfluss verfügte, um Toni überall anzuschwärzen."

Ein Rabe, der unmittelbar am Fenster vorbeiflog, zog kurz unsere Aufmerksamkeit auf sich. Als sein schwarzes Gefieder wieder in den dunklen Wolken verschwand, erklärte Elisabeth: "Anfangs hat Hartmut lediglich dafür gesorgt, dass Toni bei den Dorffesten geschnitten und aus der Bergrettung ausgeschlossen wird. Das hat Toni aber nicht weiter gejuckt. Er hat sowieso schon immer nur zu ganz bestimmten Leuten im Dorf Kontakt gehabt, und die haben sich die Gespräche mit ihm auch durch das organisierte Mobbing nicht verbieten lassen. Und auf sein Engagement bei der Bergrettung war er zwar stolz gewesen – letztlich war es aber auch mit viel Aufwand verbunden, so dass er auch darauf gut verzichten konnte."

Elisabeth streifte sich eine Locke aus der Stirn. Ich bemerkte, dass ihre Finger ein wenig zitterten. "Als Nächstes", ergänzte sie, "haben sie ihm dann die Bauaufsicht auf den Hals gehetzt – angeblich sollte Toni beim Umbau des Kuhstalls in eine Werkstatt gegen Bauvorschriften verstoßen haben. Das war natürlich völlig an den Haaren herbeigezogen – wer fragt schon nach einem Kuhstall? Da Toni den Stall aber ohnehin nur von innen verändert hatte, blieb auch diese Attacke folgenlos. Ich sehe noch den Triumph in seinen Augen, als er mir davon erzählt hat: 'Siehst du, Mama? An mir werden die sich die Zähne ausbeißen!' Er war so übermütig … so leichtsinnig …"

Ich sah sie verwundert an: "Wieso denn leichtsinnig? Er war doch völlig im Recht!"

"Das schon", räumte Elisabeth ein. "Aber manche Leute fühlen sich eben gerade dadurch herausgefordert, dass andere zu ihrem Recht kommen – weil sie den Anspruch haben, selbst Recht zu setzen. Ich habe Toni deshalb geraten, sich nicht weiter mit dem Bergbauernbündnis anzulegen. 'Das sind einflussreiche Leute', habe ich ihm gesagt, 'gegen die wirst du am Ende den Kürzeren ziehen.' Er aber hat nur gelacht. 'Diese aufgeblasenen Heimattümler können mir gar nichts!' hat er mir entgegengehalten. 'Denen werde ich schon zeigen, wo ihre Grenzen sind.'"

"Ist ja auch nachvollziehbar", meinte ich. "Nach all den Schikanen ..."

Elisabeth griff nach ihrem Glas, trank aber nichts. "Mag sein", gestand sie mir zu. "Aber es wäre dennoch klüger gewesen, erst einmal Ruhe zu geben. Stattdessen hat er sich gleich wieder einen neuen Schabernack ausgedacht, um seine Gegner vorzuführen. Über einen Kumpel im Musikverein hat er sich die Liste der Lieder beschafft, die beim alljährlichen Musikfest in unserem Dorf zum Besten gegeben werden sollten. Damit ist er zu Ronny, einem Musiker aus Jamaika, gefahren, den er kurz zuvor auf einem Markt kennengelernt hatte – Toni hatte dort einen Stand mit Holzfiguren, Ronny war mit seiner Band aufgetreten. Gemeinsam haben sie Reggae-Versionen der Lieder entworfen, die für das Musikfest vorgesehen waren. Und diese Versionen haben sie dann tatsächlich mit Ronnys Band auf dem Fest vorgetragen."

Ich musste wieder lachen. "Das war bestimmt eine Mordsgaudi!"

Elisabeth seufzte. "Für die Dorfjugend schon. Die haben mitgeklatscht, zu den Reggae-Rhythmen getanzt und die altfränkische Veranstaltung in eine Dorfdisco verwandelt. Aber die Leute vom Bergbauernbündnis und ihre Anhänger waren natürlich total sauer. Für die kam die Umwandlung ihres Lieder-Hochamts in eine Reggae-Party einem Sakrileg gleich. Als sie gesehen haben, dass sie dagegen nicht ankommen, haben sie einer nach dem anderen den Festplatz verlassen. Mir war sofort klar, dass sie das nicht auf sich sitzen lassen würden."

"Du meinst, sie haben ihr Mobbing danach noch verschärft?" fragte ich besorgt.

Gedankenverloren nestelte Elisabeth an dem Tischtuch herum. "Zunächst ist es verdächtig ruhig geblieben – so ruhig, dass ich schon das Schlimmste befürchtet habe. Zu Recht, wie sich kurz darauf gezeigt hat. Keine zwei Wochen nach der Guerilla-Aktion auf dem Musikfest bekam Toni Post von der Gemeinde: Aufgrund des höher zu gewichtenden Interesses der Gemeinschaft an dem Grund und Boden, auf dem sich sein Hof befinde, müsse man leider den Pachtvertrag auflösen. Man bitte ihn deshalb, sich für einen Gesprächstermin über die näheren Umstände der Hofübergabe mit dem Ortsbürgermeister in Verbindung zu setzen."

Sie wandte den Blick von mir ab und schaute zum Fenster. Draußen hatte es wieder zu regnen begonnen.

Mit einem leisen Zirpen betupften die Tropfen die Scheiben. Wenn man die Augen schloss, hätte man fast meinen können, es wäre Toni, der an seiner Gitarre zupft.

9. Toni und das Bergbauernbündnis

Sonntag, 21. Mai

Ist es nicht seltsam, dass Menschen die Welt der Berge als schön empfinden können? Eine Welt, die nicht für sie geschaffen ist, eine Welt, in der alles sie zurückweist, in der jeder lockere Stein ihren Tod bedeuten kann? Eine Welt, in der jeder Windstoß von jenen Elementarkräften gespeist ist, deren entfesseltes Zepter im Flachland als "Unwetter" gefürchtet wird?

Aber vielleicht ist es ja gerade das, was uns an den Bergen anzieht: dass sie uns ein Fenster in die Welt des absolut Fremden, ganz Anderen öffnen.

Die naheliegendste Haltung im Angesicht der Berge ist folglich die der Kontemplation, der Versenkung in die unendliche Harmonie, die in den sich bis zum Horizont fortzeugenden Gebirgsketten und der bizarren Formensprache der Felsen verborgen ist, in ihren wie zum Gebet gefalteten Kämmen, in denen wir unser ehrfürchtiges Staunen vor der unermesslichen Schöpferkraft gespiegelt finden, unser kindliches Flehen, dass diese Kraft uns nicht aus ihrer Gnade fallen lassen möge.

Nirgends wird die Nähe des Erhabenen zum Schrecklichen so deutlich wie in den Bergen. Und das ist nicht nur eine Frage der Perspektive – in dem Sinne, dass das Erhabene sich als das Schreckliche offenbart, wenn wir ihm zu nahe kommen und von seiner unbändigen Kraft zermalmt werden.

Das Schreckliche tritt vielmehr auch dort an die Stelle des Erhabenen, wo wir dessen Eigen-Sinn missachten und es zu zähmen versuchen; wo wir uns mit gigantischen Stahlwürmern durch die Felsmassive fressen und Betonpfeiler in deren Haut rammen; wo wir auf Stahlseilen wie räuberische Riesenspinnen zu den Gipfeln gleiten. Auch hierdurch bleibt von dem Zweiklang aus Erhabenem und Schrecklichem nur Letzteres übrig.

Dieses Schreckliche hatte längst auch in Tonis und Elisabeths Bergdorf Wurzeln geschlagen. Wie mit unterirdischen Tentakeln hatte es den Boden ausgehöhlt, auf dem das Erhabene ruhte – so dass dieses nur noch eine Kulisse war, ein bloßes Zitat seiner selbst. Genau das war es auch, was Toni zum Verhängnis geworden war. Denn er hatte sich damit nicht abfinden wollen.

Es hatte Elisabeth sichtlich Kraft gekostet, mir von Tonis Schicksal zu erzählen. Ehe sie auf die entscheidende Wendung der Geschichte zu sprechen kam, hatte sie daher kurz pausieren und sich sammeln müssen.

Für einen Augenblick war nur das unerbittliche Sekundenfressen der Standuhr zu hören. Dann überlegte Elisabeth laut: "Im Rückblick frage ich mich, ob der Hartmut den Streit mit Toni nicht ganz bewusst angeheizt hat. Denn weißt du, was für ein 'höheres Interesse' es ist, das die Vertreibung Tonis von dem Hof rechtfertigen sollte?"

Ich schüttelte den Kopf. "Nein – was denn?"

"Es geht um ein Seilbahnprojekt, über das hier schon seit Längerem diskutiert wird", klärte Elisabeth mich auf. "Die Talstation soll auf einem Grundstück entstehen, das Hartmuts Familie gehört. Die könnten sich mit dem Verkauf natürlich eine goldene Nase verdienen! Die ideale Trassenführung ist aber nur unter Einbeziehung des Geländes möglich, auf dem sich Tonis Hof befindet – und Toni war natürlich nicht bereit, sein Refugium von einer Seilbahntrasse zerschneiden zu lassen."

Ich nickte zustimmend. "Verständlich – er hätte ja auch gar nichts davon gehabt."

"Genau", bestätigte Elisabeth. "Und er war sich ganz sicher, dass ihm nichts passieren könnte. Schließlich war sein Pachtvertrag ja gerade erst um zehn Jahre verlängert worden. Das haben auch die zuständigen Leute in der Gemeinde so gesehen. Offenbar hat sie die Eskalation der Auseinandersetzung im Dorf aber dazu bewogen, ihre Haltung zu überdenken."

"Soll das etwa heißen, dass Toni aus Frust darüber von hier fortgezogen ist?" fragte ich bestürzt.

Elisabeth schüttelte energisch den Kopf. "Wo denkst du hin? Natürlich nicht! Toni dachte gar nicht daran, klein beizugeben. 'Wenn die einen Rechtsstreit haben wollen – bitte, an mir soll's nicht liegen!' hat er gesagt. Er war total siegessicher: 'Am Ende werden diese Mauschelbündler auf einem Berg von Prozesskosten sitzen!' Davon war er fest überzeugt."

"Ja – aber warum ist Toni denn dann nicht mehr da?" wunderte ich mich.

"Das ist ja das Seltsame", fuhr Elisabeth fort. "Etwa eine Woche nach unserem letzten Gespräch bin ich bei ihm vorbeigegangen, weil er sich seitdem nicht mehr bei mir gemeldet und auch auf meine Anrufe nicht reagiert hatte. Toni ist zwar immer mal wieder für ein paar Tage abgetaucht. Aber in der Situation, und dazu noch für eine ganze Woche? Das kam mir doch merkwürdig vor. Als ich seinen Hof dann völlig verwaist vorgefunden habe, bin ich daher sofort zu unserem Dorfhäuptling gegangen. Ich war mir sicher, dass er etwas mit Tonis Verschwinden zu tun hatte.

Es war Freitag, da haben die Bergbauernbündler immer ihren Stammtischabend. Also bin ich schnurstracks zum Wirtshaus gegangen und dort ohne anzuklopfen in den Nebenraum gestürmt, wo die Brüder ihre Sitzungen abhalten. Hartmut thronte behaglich zwischen seinen Kameraden und hielt sich an einem großen Bierseidel fest.

'Ah, hoher Besuch!' witzelte er, als er mich sah.

Ich hielt mich gar nicht erst mit langen Vorreden auf. 'Wo ist Toni?' habe ich ihm zugerufen. 'Was habt ihr mit ihm gemacht?'

Aber der Hartmut hat mich einfach frech angegrinst. 'Woher sollen wir denn wissen, was dein Herr Sohnemann gerade treibt? Nach allem, was man hört, scheint er ja recht sprunghaft zu sein.'

Er schaute Beifall heischend in die Runde – woraufhin sich die Gesichter seiner Kameraden zu einem bierselig-zustimmenden Feixen verzogen.

Das hat mich nur noch zorniger gemacht! 'Na gut!' habe ich deshalb gesagt. 'Wenn ihr mit mir nicht reden wollt, dann redet ihr halt mit der Polizei. Da werdet ihr den Mund schon aufmachen!'

Ich hatte die Türklinke schon in der Hand, da rief Hartmut mich zurück: 'Nur keine Panik! Deinem Toni wird schon nichts passieren.'

Ich drehte mich um und sah ihn fragend an. 'Wir haben ihn', fuhr er fort, 'auf, sagen wir, eine Art Fortbildung geschickt. Wenn du schön artig bist und dich ruhig verhältst, wird er in ein paar Wochen wieder bei dir sein. Falls nicht, können wir für nichts garantieren.'

Ich war wie von Sinnen. 'Was … was soll das heißen?' stammelte ich. 'Was für eine Fortbildung denn?'

Hartmut hob mahnend den Zeigefinger: 'Wie gesagt: Du musst dich ruhig verhalten. Das bedeutet: Keine

Fragen, keine Polizei. So kannst du deinem Toni am besten helfen.'

Ich blickte in die Runde. Die Männer wichen meinem Blick aus oder grinsten, vom Obstler benebelt, ins Leere. Dabei kommen sie alle regelmäßig in meinen Laden und plaudern ganz harmlos mit mir über das Wetter, die Nachbarn und das nächste Dorffest!"

Elisabeth wischte sich eine Träne aus dem Augenwinkel. "Da hast du ja das Gefühl, mit lauter Werwölfen zusammenzuleben!" kommentierte sie ihren Bericht.

Ich tastete nach ihrer Hand und legte vorsichtig meine Finger darüber. Für einen Moment ließ sie es zu, dass die Wärme meines Körpers auf sie überging. Dann zog sie ihre Hand zurück. Ich blickte nach draußen: Der Regen würde sich an diesem Abend nicht mehr legen, außerdem war es schon fast ganz dunkel. Es war Zeit zum Aufbruch.

10. In der Wolkengruft

Dienstag, 23. Mai

Schon der fünfte Regentag in Folge! Die Regenschleier sind so dicht, dass von den Bergen nichts als dunkle Wände zu sehen sind. Und die Häuser im Tal sind nur schemenhaft zu erkennen, als wären sie die durchscheinenden Höhlen von Wesen aus einer anderen Welt.

In den Bergen führt ein solches Wetter rasch zu einem Gefühl des Abgeschnittenseins. Oder, genauer: Es schärft bei mir das Bewusstsein für die Tatsache, dass ich von allem abgeschnitten bin.

Das Schlimmste an diesem Zustand ist der Verlust der künstlerischen Inspiration. Als Maler brauche ich das Konzert der Farben und Formen, die beständige Metamorphose der Gestalten, die einem nirgends so deutlich vor Augen tritt wie in den Bergen. Jede Tageszeit, jede Jahreszeit, jedes Wetter, jede noch so kleine Veränderung der Lichtbrechung lassen sie wieder anders erscheinen.

Nichts regt meinen bildnerischen Spieltrieb so stark an wie diese unablässige Verwandlung und Neuerschaffung der Welt. An guten Tagen bringe ich hier sogar mehrere Skizzen zu Papier, ich fülle sozusagen meine geistige Vorratskammer auf, von der ich dann später, in schlechteren Zeiten, zehren kann.

Jetzt aber sind alle Vorräte aufgebraucht, und in der Grabkammer, in die mich die Wolkenwand einschließt, ist auch nicht an neue Ideen zu denken. Dadurch tritt etwas in den Vordergrund, das ich sonst kaum bemerke: meine Einsamkeit, meine Verlassenheit.

Wenn ich male oder auch nur in Gedanken in den Formen- und Farbenrausch der Welt um mich her einstimme, empfinde ich stets eine innige Verbundenheit mit allem. Auch wenn ich dann de facto oft noch weniger Kontakt zu anderen habe – weil mich das Wechselspiel aus äußerer und innerer Schau, das künstlerische Gespräch mit der Welt, ganz in Anspruch nimmt –, käme ich in solchen Phasen nie auf die Idee, mich als "einsam" zu bezeichnen.

Was aber ist der wahre Zustand? Das Embryo-Gefühl der All-Einheit im künstlerischen Schaffensrausch? Oder doch eher die Empfindung der unwiderruflich durchtrennten Nabelschnur, wie sie mich jetzt erfüllt?

Müßige Fragen … Auch wenn es darauf eine Antwort geben sollte: Sie würde mir doch nicht weiterhelfen! Die subjektive Gewissheit ist im einen wie im anderen Fall so stark, dass kein noch so schlagender empirischer Gegenbeweis sie erschüttern kann.

Dies aber bedeutet: Der künstlerische Schaffensrausch nährt den künstlerischen Schaffensrausch. Und das Fegefeuer der Abgeschnittenheitsgefühle schürt das Fegefeuer der Abgeschnittenheitsgefühle. Eine Brücke zwischen den beiden inneren Welten gibt es nicht. Es braucht einen mächtigen Impuls von außen, um dem jeweiligen Zustand ein Ende zu setzen.

In Situationen wie diesen verliert das einfache Leben in dieser Berghütte für mich auch schnell seinen abenteuerlich-romantischen Reiz. Dinge, die mir sonst kaum auffallen oder sogar das Gefühl, in einer anderen, geistigeren Welt zu leben, verstärken, machen sich auf einmal störend bemerkbar. So wird es mir zunehmend lästig, dass die Solarmodule auf dem Dach mir bei andauerndem Regen kein warmes Wasser und erst recht keinen Strom spendieren. Wenn ich dagegen ganz mit Schauen und Skizzenanfertigen und Malen beschäftigt bin, fallen mir solche Unannehmlichkeiten gar nicht auf – denn dafür brauche ich ja weder Strom noch warmes Wasser.

Seit ich mich nicht mehr in meine Kunst-Welt zurückziehen kann, fühle ich mich zudem von den Problemen, denen ich ausgesetzt bin, viel stärker bedrängt. Vielleicht hat das sogar etwas Gutes. Denn die Probleme sind ja real, und sie werden nicht kleiner, wenn ich sie verdränge. Andererseits gibt es noch immer nicht den geringsten Ansatzpunkt zu ihrer Lösung – was bringt es also, ihnen ins Gesicht zu sehen?

Ich weiß ja noch nicht einmal, wie dieses Gesicht aussieht! Ich kann nicht sagen, was genau damals in der Jagdhütte vorgefallen ist, wer die Täter waren und welche Ziele sie verfolgen. Ich habe keine Ahnung, welches dunkle Spiel Leppin spielt und welcher Gefahr Esther ausgesetzt ist, nachdem sie sich in sein Team eingeschleust hat. Und ich habe keine Vorstellung davon, was mit Toni geschehen ist und warum genau man ihn an einen anderen Ort verschleppt hat.

All diese Dinge sind so rätselhaft, so undurchschaubar für mich, dass sie mir Angst machen, sobald ich anfange, darüber nachzudenken. Die Gedanken entziehen sich mir, sie fransen aus wie Wolken, die der Wind vor sich hertreibt, und werden zu Fratzen, die mich aus höhnischen Augenhöhlen angrinsen.

Was zurückbleibt, ist ein Gefühl fundamentaler Bedrohung, einer ständigen Unsicherheit, ob das Gesicht, das mir die Dinge zuwenden, ihr Wesen widerspiegelt oder es im Gegenteil verschleiert. Und ist nicht in der Tat auch diese harmonische Dorfwelt hier nur eine Fassade, hinter der sich irgendein entsetzliches Geheimnis verbirgt?

Mein einziger Trost ist zur Zeit der Kater vom Nachbarhof – ein wohlgenährter weißer Prinz, der sich vor ein paar Tagen vor dem Regen in meine Hütte geflüchtet hat. Seit er entdeckt hat, dass es hier auch eine Ofenbank und ein Schüsselchen mit warmer Milch gibt, kommt er regelmäßig für gemeinsame Kuschel- und Schmausestunden zu Besuch.

Es beeindruckt mich, mit welchem Selbstbewusstsein er die Befriedigung seiner Bedürfnisse durchsetzt. Außerdem habe ich erkannt, dass unsere Bedürfnisse sich gar nicht allzu sehr voneinander unterscheiden. Auch mir tut es gut, meine Finger in dem weichen Bauchfell meines neuen Gefährten zu versenken, seine Wärme zu spüren, das Vibrieren seines schnurrenden Körpers. Die Unmittelbarkeit der Nähe eines anderen Lebewesens lässt mich meine Einsamkeit für ein paar Augenblicke vergessen – oder vielmehr: Sie hebt sie auf.

Tatsächlich haben Hunde und Katzen uns in dieser Hinsicht einiges voraus. Sie kennen keine Scham, wenn es darum geht, sich der Nähe eines anderen zu vergewissern. Berührungen einzufordern, ist für sie genauso selbstverständlich wie die Forderung nach Futter.

Wir dagegen sind es gewohnt, uns von anderen durch eine stolze Schranke abzugrenzen und jede Berührung gleich sexuell aufzuladen. Wenn aber selbst Katzen, diese notorischen Einzelgänger, von Zeit zu Zeit die wärmende Nähe anderer benötigen, um sich nicht verloren zu fühlen in dieser Welt des unausgesetzten Verlusts – um wie viel wichtiger ist dann das unschuldige Band derartiger Berührungen für uns, denen noch immer das Herdentierblut durch die Adern rinnt?

11. Ein mysteriöses Etwas

Donnerstag 25. Mai

Ein Brief von Esther … Wie gerne würde ich jetzt, wie früher, mit ihr auf dem Sofa herumlümmeln und alles um mich herum vergessen!

Tja, Carlo, mein Liebster,

was soll ich Dir schreiben? Mein Herz sagt: Ich vermisse Dich, ich vermisse Dich, ich vermisse Dich ... Aber das weißt Du ja, und es hilft leider nichts, es wieder und wieder zu sagen.

Ein Zauberspruch – das wäre das, was ich jetzt bräuchte. In der Art von:

"Lieber Wind, ich bin dein Kind,
deshalb trag auf deinen Flügeln
den zu mir, der hinter sieben Hügeln
dunkle Bilder für mich spinnt!"

Im Ernst: Die Tuschezeichnung, die Du Deinem letzten Brief beigelegt hast, hat wirklich ziemlich düster auf mich gewirkt. Wie da die Berge in den aufgewühlten Wolken zerfließen ... Das fand ich richtig beängstigend! Wenn Du Dich so fühlst, wie das Bild wirkt, müssen wir dringend irgendeinen Ausweg aus dieser ausweglosen Situation finden.

Das Dumme ist nur: Ich finde auch keinen Schlüssel zu der Tür, die in die Freiheit führt. Die Arbeit bei Leppin ist leider keineswegs so ergiebig, wie ich gehofft hatte. Die meiste Zeit ist er gar nicht da. Selbst für Interviews verabredet er sich neuerdings lieber in schicken Pressecafés – wohl weil irgendein "Coach" ihm dazu geraten hat, sich mit angesehenen Journalisten zu zeigen. Angeblich steigert das sein Renommee.

So verbringe ich meine Tage damit, mich mit der exquisiten Kaffeemaschine zu trösten und mit Karin zu tratschen. Manchmal stößt auch die Praktikantin dazu, aber bei der müssen wir unsere Lästermäuler etwas im Zaum halten: Sie schaut ziemlich auf zu Leppin.

Womöglich hast Du ja Recht: Vielleicht sollte ich meine Zelte hier lieber heute als morgen abbrechen. Es fällt mir immer schwerer, die Wasserträgerin für diesen selbstverliebten Gockel zu geben. Wenn er mit gewichtiger Miene seine selbstgebastelten Wahrheiten verkündet, habe ich fast das Gefühl zu ersticken. Lange wird es mir nicht mehr gelingen, dazu zu schweigen.

Erst neulich hat es mich wieder am ganzen Körper gejuckt, als ich ihm beim Schwadronieren zuhören musste. Er hatte seine gesamte "Frauenschaft" – von "Mannschaft" lässt sich bei seinem Personal ja kaum sprechen – mit gönnerhafter Miene zum Mittagessen eingeladen. Karin und ich hatten nur einen Salat bestellt, er und die Praktikantin hatten sich etwas auf der Schnitzelkarte ausgesucht.

Und was soll ich Dir sagen? Das hat er doch tatsächlich zum Anlass genommen, um über die Bedeutung der "schönen" deutschen Wendung "vom Fleisch fallen" zu referieren. Dass darin die "tiefe Wahrheit" der "fleischlichen Natur" des Menschen angedeutet sei, einer Natur, die sich nur fortzeugen könne, wenn sie den Stoff, aus dem sie beschaffen sei, beständig durch die Aufnahme gleichgearteter Stoffe erneuere.

Der Mensch sei, hat er behauptet, nun einmal ein Fleischfresser, das sei seine Natur, die er annehmen müsse, auch aus Verantwortung gegenüber der Schöpfung, deren Krone er trage. Gerade er als Jäger wisse, was das bedeute, denn was wäre die Natur ohne die Jäger, die das Chaos bändigen und es zu einem wohlgeordneten Ganzen fügen würden. Ja, die Natur brauche den Menschen, sie müsse reguliert werden, sonst wäre sie zum Untergang verurteilt, und deshalb trete er ja auch als Politiker dafür ein blablablabla ...

Das ganze Mittagessen über hat er so vor sich hin geschwafelt! Am liebsten wäre ich einfach wortlos aufgestanden und gegangen. Leppin hat ja sowieso die meiste Zeit über die Praktikantin angeschaut, die seine Worte mit bewunderndem Augenaufschlag in sich aufgesogen hat. Immerhin konnte ich mit Karin eine augenzwinkernde Distanz zu den Litaneien aufbauen, das hat es etwas leichter gemacht. Trotzdem hatte ich nach dem Essen das Gefühl, mich ausgiebig duschen zu müssen.

Ach so – einen interessanten Vorfall hat es doch noch gegeben! Einer von Leppins Saufkumpanen war hier – zumindest kam es mir so vor, als hätte ich ihn auf den Fotos gesehen, die ich Dir geschickt habe. Es war so einer mit Kastengesicht und schmutzigem Dreitagebart, Typ Türsteher.

Leppin war alles andere als angetan von dem Besuch. "Was machst du denn hier?" hat er seinen Gast angefaucht. "Es war doch ausgemacht, dass du dich hier fürs Erste nicht mehr blicken lässt!"

Der andere hat sofort den Schwanz eingezogen. Es war deutlich zu merken, dass Leppin ihm irgendwie übergeordnet war. "Tut mir leid", hat er kleinlaut geantwortet, "aber ich dachte, wo doch dieser Schnüffler jetzt in der Klapse ist ..."

"Da ist er längst wieder abgehauen", fuhr Leppin ihm übers Maul. "Und selbst wenn er noch da wäre, wo er hingehört, sollten wir weiter auf der Hut sein. – Was gibt es überhaupt so Dringendes, dass du hier auftauchst?"

"Es ist wegen Kaiserhorst", rechtfertigte sich der Türsteher-Typ. "Da gibt es noch ein paar Dinge zu klären ..."

"Also gut – wo du schon mal da bist ...", gab Leppin nach. Und dann, mit einem misstrauischen Blick auf mich, die ich auffällig-unauffällig in seine Richtung sah: "Aber nicht hier. Komm, ich lad dich zum Italiener ein."

Natürlich bin ich innerlich zusammengezuckt, als ich das Gespräch mitangehört habe. Nachdem Du die Typen auf dem Foto erkannt hattest, war zwar endgültig klar, dass Leppin in die Sache verwickelt ist. Aber es hatte doch noch mal eine andere Qualität, ihn mit dieser Kaltschnäuzigkeit über Dich reden zu hören.

Andererseits: Einen echten Erkenntnisgewinn bringt uns der kleine Wortwechsel auch nicht. Im Grunde geht es darum ja auch gar nicht. Was wir benötigen, sind Beweise dafür, dass das, was Du erlebt hast, auch wirklich so geschehen ist. Und um Leppin zur Strecke zu bringen, bräuchten wir außerdem direkte Belege für seine Mittäterschaft: War er selbst an den Misshandlungen in der Jagdhütte beteiligt? Hat er zumindest davon gewusst? Hat er selbst die Hütte angezündet oder den Auftrag dazu erteilt?

Ehrlich gesagt: Es scheint mir recht unwahrscheinlich, dass mir hier solche Belege in den Schoß fallen. Dafür ist Leppin viel zu vorsichtig. Außerdem habe ich mehr und mehr den Eindruck, dass dies gar nicht der Ort ist, an dem sich die ganze Angelegenheit aufklären lässt. Leppins Parlamentariertätigkeit scheint dabei eher eine Nebenrolle zu spielen. Es gibt da offenbar noch etwas anderes, etwas, das so geheim ist, dass Leppin vor anderen noch nicht einmal im Flüsterton darüber spricht.

Ob das etwas mit "Kaiserhorst" zu tun hat, diesem mysteriösen Etwas, von dem Leppins Besucher gesprochen hat? Aber was soll das sein? Das Internet verweist bei der Eingabe des Wortes nur auf "Kaiser, Horst; Heizungsinstallateur, Ringstraße 35". Und ich fürchte, dass dieser Herr Kaiser uns der Lösung unserer Probleme nicht unbedingt näherbringen wird.

Ja, mein Schatz: Ich werde dem Leppin den Allerwertesten zukehren! Und dann treffen wir uns irgendwo ganz konspirativ und vergessen endlich diesen Übelkeit erregenden Zeitgenossen!

Es pfeift auf diesen Luftverpester
Deine Dich liebende Esther!

Esther hat Recht: Wir müssen uns endlich wiedersehen! Was ist denn das auch für eine Freiheit, bei der sich nur die Art des Gefängnisses ändert? Und was nützt mir der schönste Freiheitsschnipsel, wenn ich dafür das Liebste aufgeben muss, das ich habe?

Ich habe richtig Angst um Esther … Jetzt, wo offenbar auch noch der Anführer der Sadistentruppe aus der Jagdhütte bei Leppin aufgekreuzt ist, wird die Gefahr immer konkreter. Hoffentlich schafft sie rechtzeitig den Absprung!

12. Die Sprache der Natur

Freitag, 26. Mai

Türkenbundlilie, Frauenschuh, getüpfeltes Knabenkraut … All diese tastenden Versuche, die bizarre Formensprache der Pflanzenwelt in die Welt der menschlichen Worte und Bilder zu übertragen …

Es ist nicht anders als bei der Bergwelt, wo ja auch einzelne besonders markante Gesteinsformationen mit dem Zuckerguss menschlicher Bilder übergossen und so herausgelöst werden aus der erstarrten Felsenwelle, in der sie verwurzelt sind. So tritt an die Stelle der fremdartigen Gebilde, wie bei den Sternbildern, ein Märchenpanorama aus vermeintlich vertrauten Formen, die in einem in sich selbst geschlossenen Kreislauf auf lauter Sagen, Legenden und sinnerfüllte Figuren verweisen.

Warum sperren wir uns nur so gegen die Sprache der Natur? Was treibt uns dazu, in ihr lediglich einen Spiegel unserer selbst zu sehen?

Dabei spricht die Natur nirgends so vernehmlich zu uns wie hier, in den Bergen. Nirgendwo sonst äußert sie sich in so vielfältigen Formen, an keinem anderen Ort ist ihre Zeichensprache so reichhaltig. Und das gilt nicht nur für die überwältigende Ausdruckskraft der Berge. Auch das Kleine, vermeintlich Unbedeutende spricht hier mit derselben Eindrücklichkeit zu denen, die bereit sind, zuzuhören.

Wer den Wald der Moose, den Dschungel der Flechten oder das Dickicht der Baumpilze durch das Mikroskop betrachtet, wird darin dieselbe spielerische Metamorphose von Formen entdecken, die, wenn auch in einem ungleich gewaltigeren Akt, einst auch die Berge hervorgebracht hat.

Und wer in der einzigartigen Orchidee, die wir "Frauenschuh" nennen, nicht das sieht, was die Bezeichnung nahe legt, wird in dieser einen Pflanze das ganze Geheimnis der Natur entdecken können: diese bis in die kleinste Synkope hinein durchkomponierte Sinfonie aus Mineralien, winzigen Lebewesen und Pilzsporen, das vielfältige, wenn auch für das bloße Auge unsichtbare Geschehen tief im Innern der Erde, das aus ihrem Schoß das Wunder des Lebens emporsprießen lässt.

III. In einem Hotelzimmer

1. Elisabeths Verschwinden

Dienstag, 30. Mai

Warum nur wirken Hotelzimmer oft so trostlos, unabhängig von ihrer Ausstattung? Vielleicht, weil sie uns unsere Austauschbarkeit unmittelbar vor Augen führen: Heute bin ich es, der in diesem Bett schläft, morgen streckt sich ein anderer darauf aus, übermorgen der nächste. Das Bett bleibt, wir aber sind schon morgen verschwunden. Jemand tilgt die Spuren unserer vorübergehenden körperlichen Präsenz, danach gibt es nichts mehr, was an unsere flüchtige Anwesenheit erinnert.

Außerdem habe ich zu diesem Zimmer hier natürlich auch überhaupt keine Beziehung. Nichts erzählt von mir, alles verschwimmt hinter einem Vorhang der Verschwiegenheit, wie bei einer Riege vornehmer Diener, die jedem Gast mit derselben professionellen Höflichkeit begegnen. Noch nicht einmal die Nachttischlampe weiß etwas von mir, ganz anders als die Lampe zu Hause neben meinem Bett, die mit ihrem Licht schon so manche Alptraumdämonen verjagt hat.

Dabei muss ich noch froh sein, dass ich mich in diesem schäbigen Hotelzimmer aufhalten darf und nicht schon wieder in irgendeiner Zelle gelandet bin. Viel hätte nicht gefehlt, und ich hätte den gerade erst erhaschten Freiheitsfunken gleich wieder verloren.

Nach dem Gespräch mit Elisabeth hatte ich mich zunächst in meiner Hütte eingeigelt. Auf einmal war nichts mehr wie zuvor. Die Natur lässt sich eben doch nicht von den Menschen trennen, die in ihr leben oder auf sie einwirken.

Wenn ein Bergtal als Verbindungsstück zwischen zwei Straßentunneln genutzt wird, verschwindet die schöne Bergwelt hinter einer dröhnenden, stinkenden Blechlawine. Und wenn – wie Elisabeth es mir berichtet hat – die Einwohner eines Ortes andere auf heimtückische Weise bedrohen und verfolgen, versinkt der Blick nachts nicht mehr in der geheimen Schrift der Sterne, sondern tastet unruhig die Umgebung ab, immer auf der Suche nach den menschlichen Raubtieren, die im Schutz der Dunkelheit zum Sprung ansetzen könnten.

Mich in meiner Hütte zurückzuziehen, erschien mir aber auf die Dauer auch nicht als die passende Reaktion hierauf. Die Bedrohung war ja da, und indem ich sie zu verdrängen versuchte, nahm sie nur noch beunruhigendere Züge an.

Abgesehen davon kam es mir auch schlicht unhöflich vor, mich nicht mehr bei Elisabeth zu melden, nachdem sie mir ihr Herz ausgeschüttet hatte. Vielleicht, so dachte ich, würden sich im gemeinsamen Gespräch ja doch Lösungswege auftun. Ich wollte mich einfach nicht damit abfinden, dass hier ganz offensichtlich ein Mensch entführt worden war und sich gar nichts für seine Rettung unternehmen ließ!

Da mir ohnehin ein paar Lebensmittel ausgegangen waren, hatte ich mich nach dem Frühstück ins Dorf aufgemacht, um in Elisabeths Laden vorbeizuschauen. Als ich dort ankam, fand ich die Tür jedoch verschlossen vor. Das war ungewöhnlich, denn der Laden war sonst vormittags immer geöffnet. Ob Elisabeth wohl krank war? Waren die andauernden emotionalen Belastungen am Ende doch zu viel gewesen für sie?

Aber auch bei ihr zu Hause traf ich Elisabeth nicht an. Ich versuchte mir einzureden, dass sie einen Arzttermin haben könnte oder – obwohl sie das sonst immer nachmittags tat – gerade bei einer der alleinstehenden alten Damen des Dorfes vorbeigefahren war, um Waren auszuliefern. Aber im Grunde war mir von Anfang an klar, dass ich mir damit nur etwas vormachte. Dass Elisabeth ausgerechnet jetzt nirgends zu finden war, kurz nachdem sie mich über die Umstände von Tonis Verschwinden aufgeklärt hatte, konnte kein Zufall sein.

So habe ich nur noch eine kurze Runde durch den Ort gedreht. Als danach Ladenlokal und Haus noch immer verwaist waren, bin ich zur Polizei gegangen.

Na ja – "Polizei" ist vielleicht zu viel gesagt. Der Begriff suggeriert ein eigenes Polizeirevier, eine Dienststelle mit mehreren Arbeitsplätzen, an denen verschiedene Personen tätig sind.

In diesem Fall aber handelte es sich bei der "Polizei" um ein einziges Zimmer im Gemeindeamt, einen Multifunktionsraum, in dem der zuständige Gemeindediener gleichzeitig die Funktionen einer Verwaltungskraft, eines Standesbeamten, der "Tourist-Information" und eben des Dorfpolizisten ausübte. Bei dem Multi-Talent, das für dieses Jonglieren mit mehreren Aufgaben zuständig war, handelte es sich um den zweit- oder drittgeborenen Sohn eines der Großbauern, der auf diese Weise über die Vergabe der Hofstelle an den erstgeborenen Sohn hinweggetröstet wurde.

Als ich den Raum betrat, schallte mir eine Arie aus dem "Freischütz" entgegen. Der Gemeindediener, offenbar ein Opernliebhaber, blätterte in der Zeitung und hielt eine Kaffeetasse in der Hand. Anscheinend genoss er gerade eine ausgedehnte Pause – wobei unklar war, ob die Pause eine Unterbrechung der Arbeit oder doch eher die Arbeit eine Unterbrechung der Pause war.

"Ich möchte eine Vermisstenanzeige aufgeben", erklärte ich, nachdem ich vor dem Schreibtisch Platz genommen hatte.

Der Gemeindemagier legte seine Zeitung zur Seite. Er wirkte ein wenig wie ein wechselwarmes Tier, eine Echse, der sich der kühle Morgen lähmend auf die Glieder gelegt hatte. "Auch einen Kaffee?" fragte er, die Tasse absetzend.

Ich schüttelte den Kopf. "Danke, aber ich habe gerade erst gefrühstückt."

"Tja", sagte er dann, "die Bergunfälle nehmen in letzter Zeit immer mehr zu. Die Leute können einfach ihre Kräfte nicht richtig einschätzen." Daraufhin öffnete er eine Schublade seines Schreibtischs, um das passende Formular herauszusuchen.

"Es handelt sich hier aber gar nicht um einen Bergsteiger", stellte ich klar. "Ich rede von Elisabeth, Tonis Mutter …"

Der Gemeindediener ließ von der Schublade ab und richtete, an seiner eulenhaften Brille nestelnd, seinen Blick auf mich. Das auffällige Wackeln mit dem Kopf ließ auf eine neue Gleitsichtbrille schließen.

"Von unserer Dorfkrämerin?" fragte er zurück.

"Ja, genau", bestätigte ich.

Der Kopf meines Gegenübers zuckte nur noch leicht hin und her. Allmählich schien sich der Blick auf mich eingestellt zu haben.

"Dass der Laden geschlossen ist, habe ich auch schon gesehen", räumte er ein. "Aber warum sollten wir deshalb gleich eine Vermisstenanzeige auf den Weg bringen? Die Elisabeth könnte doch einfach mit Grippe im Bett liegen – bei dem Wetter …"

"Mag sein", entgegnete ich, "aber warum hängt dann kein Schild an ihrem Laden: 'Heute wegen Krankheit geschlossen'? Das macht sie doch sonst immer! Außerdem war ich schon bei ihr zu Hause: Da ist sie auch nicht!"

"Sie könnte mal kurz zum Arzt gegangen sein", mutmaßte mein Gegenüber.

"Das lässt sich ja wohl ganz leicht überprüfen", griff ich den Gedanken auf. "Ich glaube kaum, dass es hier in der Gegend eine unüberschaubare Menge an Allgemeinärzten gibt."

"Also gut", meinte die Gemeindeechse, als klar war, dass ich nicht lockerlassen würde. "Ich nehme die Vermisstenanzeige auf. Allerdings werde ich mich erst morgen darum kümmern können. Gestern ist die Mutter eines hochrangigen Gemeindemitglieds gestorben. Damit habe ich zur Zeit alle Hände voll zu tun – das werden Sie sicher verstehen."

Nein, das verstand ich nicht! Seit wann war es denn Aufgabe der Gemeinde, die Beerdigungen zu organisieren? Und außerdem: Welche Hände waren denn hier mit Arbeit beschäftigt? Allerdings hatte ich den Eindruck, dass die Blockadehaltung des Mannes nicht nur auf seinem gestörten Verhältnis zur Arbeit beruhte. Es schien mir eher, dass er mehr über den Verbleib von Elisabeth wusste, als er mir gegenüber zugab.

"Hören Sie", beschwerte ich mich daher, "wenn Sie die Angelegenheit nicht ernst nehmen, werde ich mich damit an die nächsthöhere Dienststelle wenden. Und dort werde ich dann nicht nur eine Vermisstenanzeige aufgeben, sondern auch Ihre, sagen wir, nicht sehr ausgeprägte Kooperationsbereitschaft in der Angelegenheit ansprechen!"

Ich war wohl etwas laut geworden bei diesen Worten – denn genau in diesem Augenblick öffnete sich die Tür zum Nebenzimmer. "Was ist denn hier los?" erkundigte sich ein Mann, dessen Gestalt den kompletten Türrahmen einnahm, ein Mann wie ein Felsmassiv, der allerdings durch die Goldlöckchen auf seinem Kopf gleichzeitig wie ein Riesenbaby wirkte.

Ich erinnerte mich an Elisabeths Beschreibung von Hartmut: "Er sieht ein bisschen aus wie ein Wollschwein auf zwei Beinen ..." Demnach war dieser Mann also der Ortsbürgermeister – und in Personalunion Vorsitzender des ominösen Bergbauernbündnisses. Das war natürlich die völlig falsche Adresse für mein Anliegen!

Diensteifrig erklärte mein Gegenüber den Sachverhalt: "Der Herr hier möchte eine Vermisstenanzeige aufgeben." Und dann, in etwas vertraulicherem Ton: "Wegen Elisabeth ..."

Der Ortsbürgermeister zuckte kaum merklich zusammen, hatte sich jedoch gleich wieder im Griff. "Na, dann nimm die Anzeige doch auf!" ermunterte er seinen Untergebenen. "Jedes Anliegen unserer Gäste verdient unsere volle Aufmerksamkeit! Niemand soll sagen, dass wir die Sorgen unserer Urlauber nicht ernst nehmen würden."

Seine Lippen verzogen sich zu einem aufgesetzt wirkenden Lächeln. Gleichzeitig traf mich aus seinen von dicken Tränensäcken zusammengedrückten Augen ein sezierender Blick, der mich frösteln ließ. Unwillkürlich zog ich meine Jacke enger zusammen.

"Wie du meinst", ergab sich der Allzweckdiener in sein Schicksal. Er zog ein Formular aus der Schublade, und während sein Vorgesetzter wieder im Nebenraum verschwand, schenkte er mir seine volle Aufmerksamkeit: "So, dann wollen wir mal …"

Es kam mir verdächtig vor, dass keiner von beiden sich nach den Gründen für meine Beunruhigung erkundigt hatte. Es fehlten Fragen wie: Warum genau machen Sie sich Sorgen um die vermisste Person? Wann haben Sie sie zum letzten Mal gesehen? Gibt es einen konkreten Grund für Ihren Verdacht, dass ihr etwas zugestoßen sein könnte?

Wenn solche Fragen nicht gestellt werden, kann es dafür nur zwei Gründe geben: Entweder den betreffenden Personen ist egal, was passiert ist – oder sie wissen ganz genau, was passiert ist, und nehmen die Vermisstenanzeige nur zum Schein auf.

Im Grunde war ich gleich nach dem Auftritt des großen Bergbauernführers überzeugt davon, dass Letzteres der Fall war. Vielleicht hätte es mich sogar misstrauisch machen müssen, dass die Anzeige nicht gleich in den Computer eingegeben worden ist – ein Papierformular lässt sich nun mal leichter im Papierkorb entsorgen als ein Onlineformular.

Leider habe ich aus dem allen nicht die nötigen Konsequenzen gezogen. Das sollte sich schon bald rächen!

2. Überfall im Morgengrauen

Mittwoch, 31. Mai

Heute Morgen eine Schrecksekunde am Frühstücksbuffet: Auf einmal steht neben mir ein Mann, der auf den ersten Blick wie eine Kopie von Bergbauernführer Hartmut aussieht! Glücklicherweise werden diese menschlichen Schrankwände hier in Massenproduktion gefertigt – der Mann hatte nichts mit dem Dorfhäuptling zu tun.

Ja, ich sehe wirklich schon überall Gespenster. Aber besser vor einem Gespenst zu viel fliehen, als einem in die Arme laufen. Nach dieser Maxime hätte ich besser schon früher gehandelt. Vielleicht wäre mir dann ein viel heftigerer Schreckmoment erspart geblieben. Jener Schreck, der mich durchfuhr, als ich am Morgen nach meinem Besuch des Gemeindeamts von einem lauten Klopfen an der Tür aus dem Schlaf gerissen wurde.

Es war noch dunkel draußen, also konnte es kaum später als fünf Uhr sein. Schlaftrunken torkelte ich zur Tür. Draußen standen zwei Männer, deren Gesichter ich nicht erkennen konnte, weil sie ihre Taschenlampe genau auf meine Augen richteten.

"Herr Carlo Iskalzi?" fragte einer von ihnen. Die Stimme klang entfernt nach dem Gemeindediener – aber wie hätte der so früh aus dem Bett kommen sollen?

Ich zuckte zusammen: Woher kannten die beiden plötzlich meinen richtigen Namen? Hing das etwa mit der Vermisstenanzeige zusammen? Aber ich hatte dabei doch meinen Tarnnamen angegeben!

Wie auch immer: Ich musste die Frage natürlich bejahen. Die Antwort war vorhersehbar: "Wir müssen Sie bitten, uns auf das nächste Polizeirevier zu begleiten. Gegen Sie liegt ein Fahndungsersuchen vor."

Ruhig bleiben, sagte ich mir. Jetzt nur nicht die Nerven verlieren! So gefasst wie möglich entgegnete ich: "Gut, ich ziehe mir nur noch schnell etwas an."

"Aber beeilen Sie sich bitte!" befahl die Stimme hinter der Taschenlampe. "Und lassen Sie die Türen geöffnet!"

Ich drehte mich um und ging mit festem Schritt ins Schlafzimmer. Nun war ich hellwach. Nur jetzt keinen Fehler machen, dachte es in mir. Du bist ein Automat, folge deinem Programm, du darfst dir keine Abweichung erlauben!

Glücklicherweise hatte ich mich rechtzeitig auf eine solche Situation vorbereitet. Ich musste ja damit rechnen, dass sie eintreten könnte, hundertprozentig sicher war mein Zufluchtsort von Anfang an nicht gewesen.

Nun machte ich alles genau so, wie ich es mir für einen solchen Fall vorgenommen hatte: Ich ließ die Tür zum Schlafzimmer angelehnt, zog mich aber nicht an, sondern schlich mich zu dem Fenster, das von der

Haustür aus nicht einsehbar war. Mit zitternden Fingern öffnete ich die Fensterflügel und kletterte hinaus in die Nacht.

Hinter der Hütte befand sich ein Schuppen, in dem eine Treppe in einen kleinen Vorratskeller hinabführte. Als Abdeckung nach oben hin diente jedoch nicht, wie sonst üblich, eine Falltür. Stattdessen war einfach der Holzboden an einer Stelle aufgeschnitten worden. Um in den Keller hinabzusteigen, musste man die Bretter anheben. Wahrscheinlich hatten schlicht ästhetische Gründe den Ausschlag für die fehlende Falltür gegeben. Für mich aber bot sich so ein ideales Versteck, das nur mit Insiderwissen aufzuspüren war.

Die Tür zu dem Schuppen stand immer offen. Ich musste nur sehr vorsichtig sein, um mich nicht durch das ächzende Holz oder das Umstoßen eines Gegenstands zu verraten – was in der Dunkelheit gar nicht so einfach war.

So leise wie irgend möglich deckte ich die Bretter auf und schlüpfte in den Keller. Dann zog ich die Bretter von unten wieder an ihren Platz zurück und stieg hinab in die Finsternis. Keine Sekunde zu früh! Kaum hatte ich mich in eine Ecke gekauert, hörte ich von oben lautes Rufen: "Herr Iskalzi! Kommen Sie jetzt bitte raus! Sonst müssen wir zu anderen Mitteln greifen!"

Da sich im Haus nichts regte, stürmten die Männer ins Schlafzimmer. Ich hörte das Poltern ihrer harten

Schritte, das Klirren der Fenster, das Knallen der Türen. Dann kamen die Stimmen näher. Unmittelbar vor dem Schuppen hörte ich sie miteinander ringen, streiten, beratschlagen.

"Verdammt!" fluchte einer der beiden. "Der ist abgehauen!"

"Ich hab's dir ja gleich gesagt", schimpfte der andere zurück. "Zupacken und abführen! Was musstest du ihn auch ins Schlafzimmer gehen lassen?"

"Weit kann er nicht sein", hörte ich die beschwichtigende Stimme von Jäger Nr. 1. "Wo soll er denn hin, bei der Dunkelheit? Ohne Lampe kommt er da keinen Schritt weit!"

"Ich seh' aber nichts", blaffte sein Partner. "Meinst du, der ist doch noch im Haus?"

"Ausgeschlossen!" verneinte der, der mir mit seiner Nachlässigkeit die Flucht ermöglicht hatte. "Wo sollte man sich denn da verstecken? In der Hütte ist doch kaum Platz!"

"Leuchte doch mal in den Schuppen da rein!" schlug Häscher Nr. 2 vor.

Ein unendlicher Moment der Stille. Ganz entfernt ein flackernder Lichtkegel, dann, endlich, die erlösenden Worte: "Nein, da ist er auch nicht."

"Dann kann er nur noch auf dem Forstweg sein", hörte ich einen der beiden sagen. "Im Dunkeln ist das die einzige Orientierungsmöglichkeit."

"Stimmt", pflichtete der andere bei. "Also los, hinterher: Du nach unten, ich nach oben! Wir müssen ihn einfach finden! Sonst gibt das einen Heidenärger auf Kaiserhorst!"

Atemlos lauschte ich dem Geräusch der sich entfernenden Schritte. Erst als ich mir ganz sicher war, dass die Männer nicht mehr zurückkommen würden, wagte ich mich aus meinem Versteck. Auch dann bewegte ich mich jedoch noch durch die Welt, als wäre sie aus dünnem Glas und könnte bei jeder unbedachten Berührung auseinanderbrechen.

Im Dunkeln tastete ich mich in die Hütte, kleidete mich an, suchte das Nötigste zusammen und packte es in meinen Rucksack. Dann schlich ich mich in den Wald und duckte mich ins Gebüsch, bis es dämmerte. In den ersten grauen Lichtschleiern bin ich dann zu dem alten Jägersteig aufgebrochen, den Toni mir einmal gezeigt hat. Über diesen bin ich zum Gebirgskamm hinaufgeklettert und von dort ins Nachbartal abgestiegen.

3. Sorgen um Esther

Donnerstag, 1. Juni

Nun sitze ich also in diesem schäbigen Hotelzimmer und stehe mal wieder im Kugelhagel der Fragen. Die wichtigste: Habe ich mich verhört, oder haben die Männer vor der Hütte tatsächlich von "Kaiserhorst" gesprochen – von demselben ominösen Etwas, das auch Esther in ihrem letzten Brief erwähnt hat?

Gibt es also eine Verbindung zwischen den Ereignissen dort und den Vorfällen hier? Aber welcher Art könnte eine solche Verbindung sein? Die beiden Welten stehen schließlich in keinerlei Beziehung zueinander! Oder etwa doch?

Klar ist aber: Wenn die Geschehnisse hier und dort in irgendeiner Weise zusammenhängen, ergibt sich daraus eine unmittelbare Bedrohung für Esther. Zwar hat sie mir alle ihre Briefe anonym geschickt, ohne Angaben zum Absender. Nachdem ich mein Inkognito jedoch eingebüßt habe, ist zu befürchten, dass ihre nächsten Postsendungen abgefangen und geöffnet werden. Und wenn es eine wie auch immer geartete Brücke zwischen den beiden Welten gibt, wäre über den Inhalt ihrer Briefe leicht auf ihre Identität und – was noch schlimmer ist – auf ihre Wühlarbeit im Umfeld von Leppin zu schließen. Das würde sie in ernste Gefahr bringen!

Unter diesen Umständen musste ich natürlich die Telefonabstinenz aufgeben. Schon mehrfach habe ich versucht, Esther mit einem Prepaid-Handy anzurufen, um sie zu warnen. Aber sie ist einfach nicht zu erreichen. Abends nicht, frühmorgens nicht, noch nicht einmal mitten in der Nacht! Ich mache mir die größten Sorgen. Hoffentlich klärt sich ihr Verschwinden bald auf!

Womöglich gibt es dafür sogar eine ganz banale Erklärung. Schließlich kann Esther ja nicht wissen, dass ich unser Telefonfasten abgebrochen habe – und kommt deshalb bei der fremden Nummer nicht auf die Idee, dass ich es sein könnte, der sie anruft. Vielleicht hat sie sich auch einfach ein neues Handy zugelegt und ist unter der alten Nummer nicht mehr zu erreichen. Oder sie hat es zu Hause vergessen und befindet sich auf Dienstreise mit Leppin – was allerdings auch nicht gerade eine beruhigende Vorstellung ist …

Zu allem Unglück geht mir allmählich auch noch das Geld aus. Ich habe ja nicht damit rechnen können, die Hütte so schnell wieder verlassen zu müssen. Deshalb habe ich bei meiner Flucht aus der Psychiatrie nur das nötige Bargeld für die paar Einkäufe im Ort mitgenommen. Eine Kreditkarte zu benutzen, verbietet sich in meiner Situation natürlich von selbst. Da könnte ich mich ja gleich der Polizei stellen!

4. Stadtluft macht frei (?)

Freitag, 2. Juni

Stadtluft macht frei … Eigentlich ein völlig unzeitgemäßer Spruch. Die Stadtluft schenkt uns ja heutzutage weniger die Freiheit als den Erstickungstod. Trotzdem trifft die alte Redensart genau meine Befindlichkeit. Selbst in diesem Spielzeugstädtchen fühle ich mich ungleich freier als zuvor auf dem Dorf. Endlich habe ich nicht mehr das Gefühl, dass mir hinter jedem Strauch ein dunkles Augenpaar auflauert, das mein Tun und Lassen unerbittlich registriert.

Genau das, was sonst an dem Leben in der Stadt kritisiert wird – die Anonymität, die Unverbindlichkeit aller Beziehungen – macht sie eben nach wie vor zu einem idealen Zufluchtsort für Menschen, die untertauchen müssen. Das Meer der Masse nimmt jeden Tropfen in sich auf. Spring nur hinein, und es wird dich mit sich fortreißen wie die anderen Tropfen auch.

Das Gefühl der Sicherheit, das dieses vermeintliche Untergehen in der Masse vermittelt, kann freilich auch trügerisch sein. Denn was, wenn plötzlich eines der gesichtslosen Wesen, aus denen sich die Masse zusammensetzt, in mir den gesuchten Verbrecher erkennt, der vielleicht auf irgendeinem Fahndungsfoto zu sehen war? Wenn diese Person, eine mögliche Belohnung und allerlei Bedrohungsszenarien vor Augen, laut ruft: "Ein Krimineller! Ein Psychopath! Ein Terrorist! Haltet ihn!"?

Dann wird das scheinbar so ruhige Meer der Masse sich auf einmal in eine Vielzahl sich überschlagender Wellen verwandeln, und aus den Wellen werden sich schlangenhafte Arme herausschälen, die sich mit würgendem Griff um meinen Körper winden.

Nein, da habe ich doch lieber vorgesorgt. Haare, Augenpartie, Kleidung – was auch immer ich ohne großen Aufwand verändern konnte, habe ich verändert. Die Perücken waren mir zu teuer, also habe ich mir kurzerhand die Haare hennarot gefärbt und sie von schulterlang auf stoppelkurz zurückgeschnitten. Brillen gibt es ja glücklicherweise in jedem Supermarkt zu kaufen, dazu habe ich mir in einer Kleiderkammer eine neue Jacke besorgt.

Als I-Tüpfelchen habe ich mir schließlich noch eine Zwanzigerjahre-Schiebermütze zugelegt. Etwas Extravaganz wollte ich mir dann doch leisten. Auffallen darf ich ja – nur nicht als der, der ich bin. Auch wenn ich noch immer nicht verstehe, wie mein Inkognito hat auffliegen können.

Esther ist einfach nicht zu erreichen! Was ist da nur los???

5. Die Klosterbibliothek

Dienstag, 6. Juni

"Kaiserhorst" ... Endlich dringt Licht in das Dunkel! Endlich hebt sich der Vorhang vor diesem Mysterium ein wenig – auch wenn es noch immer wie ein Vexierbild für mich ist: Von jeder Seite wendet es mir ein anderes dunkles Gesicht zu.

So klein das Städtchen hier auch ist – es beherbergt doch eine der größten Klosterbibliotheken Europas. Damit hatte ich gewissermaßen eine natürliche Anlaufstelle für meinen Versuch, das Geheimnis um "Kaiserhorst" aufzuklären. Vielleicht, so hoffte ich, wäre in diesem Fall die alte Wiege des Wissens dem High-Speed-Gedächtnis des Internets, diesem Durchlauferhitzer aus geistigen Bruchstücken, doch einmal überlegen.

Die Bibliothek war einst als Mittelteil eines Doppelklosters des Benediktinerordens errichtet worden. Auf der einen Seite waren die Nonnen untergebracht, auf der anderen die Mönche. Der Männertrakt ist mittlerweile aus Mangel an Nachwuchs in ein Seminarzentrum umgewandelt worden, so dass die Bibliothek heute vollständig dem Nonnenkloster untersteht.

Früher hatten Gottesdiener und -dienerinnen jeweils einen eigenen Zugang zu den Bibliotheksräumen. Sie konnten sich dort also treffen und haben unter den schützenden Fittichen des Geistes sicher nicht nur die ewigen, überirdischen Fragen diskutiert. Es braucht nicht viel Phantasie, um sich die sehr irdischen Geheimnisse vorzustellen, über die hier getuschelt worden ist.

Wer die Bibliothek betritt, wird zunächst allerdings unweigerlich in höhere Sphären entführt. Der die Ankommenden empfangende Prunksaal mit den von antiken Säulen eingefassten Bücherregalen, den goldumrahmten Deckenfresken und dem glänzenden Marmorboden, der die Wissensfunken in sich aufsaugt und reflektiert, ist eine veritable Kathedrale des Geistes.

Aus jeder Mauerritze atmet hier das jahrhundertelange Ringen mit den unlösbaren Rätseln des Menschseins und des Universums, die Annäherung an ein Ziel, das ewig unerreichbar bleiben wird und dessen Konturen doch in denen aufscheinen, die den steinigen Weg zu ihm auf sich nehmen. So feiert der Geist in all den prachtvollen Verzierungen zwar sich selbst, bezeugt damit aber zugleich die Ehrfurcht vor jenem anderen Geist, dessen Wege er allem andächtigen Streben zum Trotz doch stets nur bruchstückhaft ergründen kann.

Die Decke des Raumes greift mit ihrer Tiefenwirkung und den sich in der Weite des Himmels verlierenden Engelsfiguren die nie ganz zu fassende, nie an ihr Ende kommende Dynamik des Geistes auf. Dennoch drückt sich in ihr die Illusion der Vollendung aus, einer zu einem Abschluss kommenden geistigen Reise, in deren schriftlicher Dokumentation sich zumindest ein Abglanz des großen Ganzen findet.

Genau darin liegt ja der unendliche Trost von Büchern. In ihnen hallt noch der Glaube an den Stein der Weisen nach, an das eine, alles umfassende Werk, das Buch der Bücher, in dem der Geist sich ganz und unmittelbar ausspricht.

Unsere heutige Praxis, Tausende von Wissensflüssen gleichzeitig abzuschöpfen und so das ewig Suchende, ewig Unvollständige des Geistes in uns selbst abzubilden, mag zwar ehrlicher sein. Das in sich abgeschlossene Buch aber kann uns jene Hoffnung auf die Sinnhaftigkeit unseres geistigen Strebens vermitteln, ohne die wir die Kraft für dieses Streben vielleicht irgendwann verlieren würden.

Oder ist es womöglich genau umgekehrt? War der religiöse Glaube an das eine, alles umfassende Geistesprodukt nur eine Gehhilfe, mit der wir uns in der Welt des Geistes zu bewegen gelernt haben? Sind unsere heutigen elektronischen Möglichkeiten keine Überforderung unseres Geistes, sondern die notwendige Folge einer Entwicklung, die ihn befähigt, seine eigenen komplexen, tendenziell unabgeschlossenen Strukturen produktiv zu nutzen? Sind wir erst heute bereit, darin das Spiegelbild eines Kosmos zu sehen, der in seiner Entwicklungsdynamik ebenso unergründlich für uns bleibt wie die Dynamik unserer geistigen Entwicklung?

Am Ende hätte dann gerade die klösterliche Pflege des Geistes, das immer neue handschriftliche Kopieren all der geistigen Reisen, dieses jahrhundertelange Meditieren über Fragen, die immer neue Fragen aufgeworfen haben, ein neues Zeitalter des Geistes vorbereitet, in dem nicht mehr nach dessen Einheit und Wesenskern gesucht, sondern die Vielfalt der in ihm verborgenen geistigen Universen in den Blick genommen wird.

Immerhin, so stellte ich beim Durchschreiten der Eingangshalle der Klosterbibliothek fest, war selbst an diesem Museum des Geistes die moderne Zeit nicht spurlos vorübergegangen. Es gab mehrere Computerarbeitsplätze, an denen man die digital erfassten Bestände nach Stichworten durchforsten konnte. Sobald ein Platz frei wurde, setzte ich mich vor den Monitor und gab meinen Suchbegriff ein: K-a-i-s-e-r-h-o-r-s-t.

Leider sprach der klösterliche Computer auch nicht anders mit mir als das gewöhnliche Internet: "Ihre Suche ergab 0 Treffer ..." Ich versuchte es noch mit alternativen, altertümlichen Schreibweisen – Keiser, Kayser, Keyser ... – aber das Ergebnis blieb immer dasselbe: Keine Treffer!

Nun wurde an den Computern ausdrücklich darauf hingewiesen, dass die Digitalisierung der Bestände noch nicht abgeschlossen sei. Also begab ich mich zu den Zettelkästen, die sich an der gegenüberliegenden

Wand entlangzogen, und durchsuchte sie nach Schlagworten, nach Buchtiteln und schließlich sogar nach Nachnamen.

Alles, was ich fand, war jedoch ein "Horst Kayser", der 1854 ein Werk über "die Bedeutung der aristotelischen Lehre für das Denken Thomas von Aquins" veröffentlicht hatte. Das klang nicht gerade nach einer bahnbrechenden Entdeckung. Selbst in den alten Enzyklopädien, die ich als letzte Hoffnung konsultierte, stieß ich auf keinen auch nur annähernd passenden Eintrag.

Enttäuscht ließ ich mich auf einen Stuhl fallen und starrte ins Leere. Vor dem Fenster waren die Bergrücken zu erkennen, hinter denen irgendwo ein aufgescheuchter Dorfpolizist mit ein paar Helfern nach mir suchen musste. Es herrschte Föhn, wie in einem Scherenschnitt stachen die Gipfel aus der flirrenden Luft heraus.

"Kann ich Ihnen irgendwie weiterhelfen?"

Ich drehte den Kopf zur Seite. Tatsächlich: Die schon etwas ältere Nonne, die neben dem Tisch Halt gemacht hatte, redete mit mir. Mit meinem resignierten Gesichtsausdruck hatte ich wohl ihr Mitleid geweckt. Ihr rundlicher Körper ließ ahnen, dass sie durchaus auch irdischen Genüssen etwas abgewinnen konnte. Aufmunternd lächelte sie mir zu.

Neuen Mut fassend, entgegnete ich: "Ja, ich könnte wirklich Hilfe gebrauchen. Mir ist da ein Begriff untergekommen, den ich nicht recht einordnen kann. Im Internet habe ich auch nichts darüber gefunden. Es handelt sich um etwas, das den Namen 'Kaiserhorst' trägt."

Es war, als hätte ich mit dem Wort eine Tür zugeschlagen. Schlagartig verschwand das Lächeln von dem gottesfürchtigen Gesicht, sobald ich das Wort ausgesprochen hatte.

Schmallippig überließ mich die füllige Gottesdienerin wieder meiner Resignation: "Tut mir leid, da kann ich Ihnen auch nicht weiterhelfen." Rasch entfernte sie sich von meinem Platz.

Hatte ich sie etwa mit irgendetwas beleidigt? Vielleicht zu laut gesprochen? Oder war ihre Frage nur eine Floskel gewesen, auf die sie gar keine Antwort erwartet hatte? Aber musste sie dann gleich derart pikiert reagieren?

Nun hatte ich an diesem Ort nichts mehr verloren. Fast fühlte ich mich jetzt verhöhnt von den ewigkeitstrunkenen Hallen, die meinen sehr irdischen Problemen mit ostentativer Abweisung zu begegnen schienen. So stand ich auf und schlich dem Ausgang entgegen.

Ich hatte die Tür schon fast erreicht, als ich plötzlich von irgendwoher ein leises, aber doch deutlich vernehmbares "Psst" hörte. Ich drehte mich um – und tatsächlich: Unweit von mir, vor einer Tür mit der Aufschrift "Zu den Archiven", stand eine junge Nonne. Als unsere Blicke sich trafen, winkte sie mich zu sich heran.

"Ich habe eben zufällig Ihr Gespräch mit Schwester Celestina mit angehört", sprach sie mich an. "Habe ich das richtig verstanden: Sie suchen nach Informationen über Kaiserhorst?"

"Ja, das stimmt", entgegnete ich zögernd, überrascht über die unerwartete Kontaktaufnahme.

"Vielleicht kann ich Ihnen da weiterhelfen", bot mir die junge Nonne an, während sie mir ihre Hand reichte. "Ich bin übrigens Schwester Laurentia."

Nachdem auch ich mich vorgestellt hatte, bat sie: "Sie müssen Schwester Celestina ihre brüske Art nachsehen. Sie ist noch ganz in den alten Traditionen verwurzelt. 'Kaiserhorst' klingt für sie wie 'Gottseibeiuns', da bekreuzigt sie sich innerlich und wendet sich ab."

Ich sah Schwester Laurentia verwirrt an. "Aber … Was ist denn so schlimm an Kaiserhorst?"

Die junge Nonne schmunzelte. "Kommen Sie mit! Ich möchte Ihnen etwas zeigen – dann werden Sie verstehen, was ich meine."

Sie zog einen Schlüssel aus ihrem Habit und steckte ihn in die zu den Archiven führende Tür. Ich fragte mich, wie eine so junge Frau in ein Kloster eintreten konnte. Ihre zarten Gesichtszüge gaben ihr, zusammen mit den braunen Rehaugen, etwas ausgesprochen Verletzliches. Ob sie sich wohl, ganz klassisch, nach einer enttäuschten Liebe in das Kloster zurückgezogen hatte?

Es tat mir fast weh, den lebendigen Glanz dieses Gesichts in die strenge Ordenstracht eingesperrt zu sehen. Andererseits: Erstrahlte es vielleicht gerade deshalb in dieser madonnenhaften Schönheit, weil die Ordenshaube es wie eine Aureole umrahmte und es so gleichsam von innen heraus leuchten ließ?

Hinter der Tür gelangten wir auf einen dunklen Flur, in dem eine eiserne Wendeltreppe in die Tiefe führte. Der schmale Schacht wirkte wie ein Trichter, der den Widerhall unserer Schritte zu einem dumpfen Stakkato verstärkte. Immer weiter schraubten wir uns dem Grund entgegen, in immer neuen Windungen, die zusammen mit dem funzeligen Licht ein leichtes Schwindelgefühl in mir auslösten. Es war, als würden wir uns allmählich aus der Zeit herausdrehen und uns nur noch auf der Stelle bewegen.

Auf jeder Etage, an der wir vorbeikamen, fiel der Blick auf endlose Regale mit verstaubten Büchern, die im Halbdämmer niedriger Räume darauf warteten, von einer suchenden Hand erlöst zu werden. Es war der komplette Gegenentwurf zu dem prachtvollen Empfangssaal der Bibliothek. Während dieser die Höhenflüge des Geistes verklärte, die Gipfel der Erkenntnis, die Illusion des Überblicks, wurde hier, hinter einer gut verschlossenen Tür, die andere Seite des Geistes sichtbar.

Hier wurde die Mühsal der geistigen Reisen spürbar, der beschwerliche Weg durch die Nacht der Geistestäler, in denen an jeder Biegung die Gefahr des Selbstverlusts, der immerwährenden Orientierungslosigkeit lauert. Wo der Prunksaal die alles erleuchtende Macht des Geistes feierte, bezeugten die staubigen Regale die Notwendigkeit des Glaubens, und zwar jenseits aller religiösen Überzeugungen: des Glaubens an die Gnade der geistigen Erlösung, an die plötzlich aufblitzenden Verbindungspfade, die den Suchenden den Weg aus den Irrgärten des Geistes weisen.

Ganz unten, am Fuß der Treppe, befand sich das Handschriftenarchiv. Es war der einzige Raum, der durch eine zusätzliche Tür vom Gang abgetrennt war.

"Warum ist denn speziell dieser Raum besonders gesichert?" erkundigte ich mich.

"Na ja", bemerkte Schwester Laurentia spöttisch, während sie aufsperrte, "das hier ist sozusagen der Giftschrank des Klosters. Hier ist alles verstaut worden, was nicht das Licht der Öffentlichkeit erblicken sollte – oder vielmehr: all das, dessen Licht die Welt nicht erreichen durfte. Die Freiheit des Glaubens hat eben schon immer dort geendet, wo sie den Glauben in Frage gestellt hat."

"Und hier finden sich also Informationen zu Kaiserhorst?" fragte ich gespannt.

Schwester Laurentia antwortete nicht gleich. Sie war sofort eingetaucht in die Berge von Papier, die sich auf den Regalen türmten. Eine Zeit lang war sie gar nicht mehr zu sehen. Ich hörte nur noch ein emsiges Rascheln, wie von einer Maus, die sich durch welkes Laub wühlt.

"Ah, da ist ja die Mappe!" rief sie schließlich. "Irgendjemand muss sie immer ganz nach hinten schieben!"

Der Tisch, an den wir uns setzten, ächzte unter dem Konvolut aus Notizen, Entwürfen, Exzerpten und Kopien, das Schwester Laurentia darauf ablegte. "Bitteschön", sagte sie mit einem leichten Triumph in der Stimme, "Bruder Leonhards gesammelte Recherchen zum Thema 'Kaiserhorst'!"

6. Die Akte "Kaiserhorst"

Mittwoch, 7. Juni

Was mich an dem Gespräch mit Schwester Laurentia am meisten beeindruckt hat, ist die innere Ruhe, die die junge Nonne ausgestrahlt hat. Und das bei all den obskuren, teilweise auch bedrohlich wirkenden Szenarien, mit denen man unweigerlich konfrontiert wird, wenn man tiefer in das Geheimnis um "Kaiserhorst" eindringt.

Woher sie wohl diese innere Ruhe nimmt? Ob das an den vielen Gebetsmeditationen liegt, denen sie sich in ihrem Kloster Tag für Tag hingibt? Oder ist es vielleicht der streng durchgetaktete Tagesablauf, der ihr inneren Halt gibt?

Womöglich hängt beides aber auch eng miteinander zusammen. Vielleicht ist der auf den Dienst an einem Höheren ausgerichtete Tagesablauf für sie wie ein einziges mantraartiges Gebet, das ihr dazu verhilft, die zerbrechliche Balance ihres Lebens zu wahren, diese Anmut der Seiltänzerin, die mit festem Schritt von einem Gipfelgrat zum anderen balanciert, ohne auch nur eine Sekunde nach unten zu schauen, in den alles verschlingenden Abgrund.

Genau mit dieser Anmut hat Schwester Laurentia auch ihre Hand auf die dicke Mappe gelegt, durch die sich endlich der Nebel lichten sollte, der für mich noch immer dieses ominöse Wort "Kaiserhorst" umgab. Andächtig strichen ihre Finger über das Foto eines Mönchs, das als eine Art Deckblatt diente. Offenbar handelte es sich dabei um eben jenen Bruder Leonhard, der, wie Schwester Laurentia mir erzählt hatte, unerschrocken genug gewesen war, sich mit dem Tabu-Thema "Kaiserhorst" zu beschäftigen.

Voller Neugier betrachtete ich die dicke Mappe. "Und Bruder Leonhard hatte also keine Berührungsängste mit dem Thema?" fragte ich. "War er vielleicht so eine Art Ketzer?"

Behutsam löste Schwester Laurentia das Band, das die Mappe zusammenhielt. Dabei wäre das Foto des forschenden Mönchs fast auf dem Boden gelandet. Vorsichtig fing Schwester Laurentia es auf und legte es wieder in die Mappe. Es zeigte ein hageres, von tiefen Furchen durchzogenes Gesicht, das wohl auch ohne Tonsur keine allzu üppige Haarpracht mehr geziert hätte.

"Wissen Sie", erklärte Schwester Laurentia, "Bruder Leonhard hat immer gesagt: Es gibt viele reale Bedrohungen für uns. Manches wird aber nur deshalb bedrohlich für uns, weil wir uns nicht damit auseinandersetzen. Nie hätte der Teufel so viel Macht über die Menschen gewonnen, wenn sie ihm frühzeitig ins Antlitz geblickt hätten. – Das war seine feste Überzeugung, und danach hat er auch gehandelt."

Wieder strich sie mit der Hand über das Bild. Für einen Augenblick versank sie in stiller Meditation.

"Sie mochten ihn wohl sehr?" fragte ich.

Schwester Laurentia räusperte sich. Ein feuchter Glanz schimmerte in ihren Augen. "Es ist noch kein halbes Jahr her, dass er gestorben ist", sagte sie fast entschuldigend. "Für mich war er wirklich so etwas wie ein geistiges Vorbild. Ich habe ihn bei einem Praktikum in dem Altenheim kennengelernt, das vom Kloster betrieben wird. Das war noch während meiner Schulzeit, in einem Orientierungskurs. Meine Lehrerin hatte gedacht, weil ich doch in einem Waisenhaus aufgewachsen sei, wäre das sicher das Richtige für mich. Ein Heimkind im Altersheim, das war in ihren Augen fast schon von schicksalhafter Logik."

Ihre Augen wanderten wieder zu dem Foto des alten Mönchs zurück. "Wie Sie sehen, ist es am Ende doch anders gekommen", schmunzelte sie. "Obwohl ich auch hier noch in einer Art Heim lebe. Bruder Leonhard hat uns sogar einmal augenzwinkernd als Geisteswaisen bezeichnet, die im Kloster Halt suchen in dem Glauben an etwas Höheres."

"Warum hat er als Mönch denn in keinem Kloster gelebt?" wollte ich wissen.

"Er war der letzte verbliebene Mönch unseres Klosters", erklärte Schwester Laurentia. "Der Orden hatte längst beschlossen, den Männertrakt nach seinem Tod zu schließen und diesen Teil des Gebäudes in ein Seminarzentrum umzuwandeln. Da ist er eben ins Altersheim umgezogen, um dem Umbau nicht im Wege zu stehen."

"Und Kaiserhorst?" lenkte ich wieder zu dem Anlass unseres Gesprächs über. "Was hat ihn daran so fasziniert?"

"'Fasziniert' ist vielleicht das falsche Wort", sinnierte Schwester Laurentia. "Es ging ihm einfach darum, das Dunkle, Geheimnisvolle, das mit dem Thema verbunden war, aufzulösen. Das aber hat er mit ganzer Leidenschaft getan. Noch auf dem Totenbett hat er mir aufgetragen, seine Arbeit fortzuführen. Deshalb habe ich Sie ja auch angesprochen, als ich gehört habe, dass Sie sich dafür interessieren."

Schwester Laurentia begann in der Mappe zu blättern. "Schauen Sie", sagte sie, "so hat alles angefangen."

Sie deutete auf die Kopie eines Bildes, das eine halb verfallene Burg zeigte. Darunter stand etwas in lateinischer Sprache, gefolgt von der krakeligen Übersetzung eines alten Mannes: "So nahe bei Gott / wie der Adler in seinem Horst / lebt nur der Kaiser."

"Der Spruch ist gewissermaßen eine Art von mittelalterlicher Propaganda", erläuterte Schwester Laurentia. "Bruder Leonhard hat ihn in einer mittelalterlichen Urkunde gefunden, in der das Verhältnis zwischen dem Kaiser und seinen hiesigen Vasallen geklärt wurde. Dabei wurde auch deren Pflicht zum Bau einer Residenz für den Herrscher festgelegt, einer Burg auf einem halbhohen Berg unweit von hier. Diese Burg ist es, auf die sich der Schreiber mit seinem Sprüchlein bezieht. Außerdem spielt er damit natürlich auf die damaligen heftigen Auseinandersetzungen zwischen Kaiser und Papst an, ihren blutigen Streit über die Frage, wer von ihnen der wahre Auserwählte Gottes sei und damit dessen Macht auf Erden ausüben dürfe."

Das war es also! 'Kaiserhorst' war tatsächlich ein konkreter Ort, und dieser befand sich hier ganz in der Nähe. "Und von diesem Spruch leitet sich also der Name 'Kaiserhorst' her?" schlussfolgerte ich.

Schwester Laurentia nickte. "Ja, genau. Das Bild hier ist natürlich nicht aus dem Mittelalter. Bruder Leonhard hat es aus einer romantischen Legendensammlung herauskopiert. Ob es überhaupt jemals zum Bau der Burg gekommen ist, ist bis heute umstritten. Im späten Mittelalter hat man auf dem Berg nämlich Eisenerzvorkommen entdeckt und dort keinen Stein auf dem anderen gelassen. Statt von 'Kaiserhorst' sprach man deshalb nun auch vom 'Eisenforst'."

Schwester Laurentia blätterte wieder in der Mappe. Sie zog ein weiteres Blatt heraus und legte es vor mich hin.

"Huch!" entfuhr es mir. "So etwas hätte ich hier aber nicht erwartet."

Die Abbildung zeigte eine nackte Frau, die in lasziver Pose auf allen vieren vor einem ebenso hüllenlosen Mann kniete. Die Bischofsmitra auf seinem Kopf und die Hostie, die er in beiden Händen in die Höhe hielt, wiesen ihn als Geistlichen aus. Die kniende Frau, auf deren Rücken ein Kelch abgestellt war, schien ihm als Altar zu dienen.

"Das sieht ja fast nach einer Schwarzen Messe aus", kommentierte ich das Bild.

"Stimmt", bestätigte Schwester Laurentia erstaunlich ungerührt. "Exakt darum handelt es sich. Irgendwann im Verlauf des 16. Jahrhunderts, vielleicht auch erst etwas später, müssen Teufelsanbeter wieder auf die alte Bezeichnung 'Kaiserhorst' gestoßen sein. Das hat sie offenbar dazu veranlasst, auf dem Berg ihre Zusammenkünfte abzuhalten. Denn sie wollten den Fürsten der Finsternis ja schon immer zum neuen Kaiser der Welt erklären und den Allmächtigen vom Thron stürzen."

"Aber warum haben sie sich dafür gerade auf einem Berg getroffen?" wunderte ich mich. "Der Satan ist doch ein Geschöpf der Unterwelt! Also müsste man ihn doch eigentlich eher in irgendwelchen Höhlen anbeten als auf einem Berggipfel."

"Das ist schon richtig", räumte Schwester Laurentia ein. "Aber zum einen gab es durch den Eisenerzabbau in dem Berg allerlei Schächte und Gruben, in denen man Wege in die Unterwelt sehen konnte. Und zum anderen dürfen Sie nicht vergessen, dass Luzifer vor seinem Sturz aus dem Himmel ja selbst ein Engel des Lichts war. Also strebt er auch immer wieder dorthin zurück – nur eben mit untauglichen Mitteln. Indem er sich selbst zum Gott erhebt, beraubt er sich jeder Möglichkeit, in seine ursprüngliche Heimat zurückzufinden."

Schwester Laurentia betrachtete noch einmal eingehend die Abbildung. Dann legte sie das Blatt zur Seite, als würde sie sich erst jetzt der Obszönität der Darstellung bewusst.

"Ich habe viel mit Bruder Leonhard über das Thema geredet", setzte sie dann hinzu. "Für ihn war Luzifer ein Spiegelbild des Menschen: jemand, der sich in seinem Trotz an die Stelle des Allmächtigen setzt, sich dabei aber wie ein pubertierendes Kind benimmt, das gleichzeitig von den Eltern unabhängig sein und sich ihrer Liebe versichern möchte. Die Anbetung Luzifers, hat Bruder Leonhard einmal gesagt, ist der paradoxe Versuch, Gott gleichzeitig zu leugnen und zu verehren."

Mein Blick fiel auf die Bildunterschrift. "Also treibt es der böse Feind mit seinen Buhlen", las ich halblaut, die Worte der alten, schwer entzifferbaren Schrift einzeln buchstabierend.

"Das Bild hat Bruder Leonhard in den Gerichtsakten der Inquisition entdeckt – und da ist es natürlich entsprechend kommentiert worden", erläuterte Schwester

Laurentia. "Die Inquisitoren sind damals mit aller Härte gegen die Satanistenumtriebe vorgegangen. Jeder, der irgendwie im Verdacht stand, daran beteiligt zu sein, ist seinerzeit in ihren Folterkellern gelandet. Und alle, deren Tun und Lassen nicht hundertprozentig der reinen Lehre entsprach, wurden damit in Verbindung gebracht."

Sie blickte noch einmal auf das Foto des verstorbenen Mönchs. "Laut Bruder Leonhard", fuhr sie fort, "war es zum Schluss sogar schon gefährlich, das Wort 'Kaiserhorst' in den Mund zu nehmen. Daher rührt noch heute die abergläubische Furcht vor diesem Namen. Und das ist auch der Grund dafür, dass es bis heute keine systematischen Ausgrabungen auf Kaiserhorst oder anderweitige Forschungen dazu gegeben hat. Alles, was damit zusammenhängt, ist eben nach wie vor mit einem Tabu belegt."

7. Das "Kaiserhorst"-Tabu

Donnerstag, 8. Juni

Seit dem Gespräch mit Schwester Laurentia habe ich wieder neuen Mut geschöpft. Es ist, als wäre etwas von der Unerschrockenheit, mit der dieser Bruder Leonhard sich auf das Abenteuer des Geistes eingelassen hat, auf mich übergegangen.

Esther ist zwar noch immer verschollen: Ihr Handy ist tot, sie bleibt unerreichbar für mich. Aber irgendwie habe ich, seit "Kaiserhorst" nicht mehr von diesem Nebel des Mysteriösen umgeben ist, den Eindruck, der Lösung des Falles näher gekommen zu sein. Es beruhigt mich, dass "Kaiserhorst" endlich ein Gesicht hat, dass es sich dabei um etwas handelt, das man anschauen und untersuchen kann.

Noch heute werde ich dem Tagungshotel, das sich mittlerweile an dem sagenumwobenen Ort befindet, einen Besuch abstatten. Das wird hoffentlich noch mehr Licht ins Dunkel bringen.

Wenn man bedenkt, wie stark die dunkle Aura von "Kaiserhorst" bis in unsere Tage nachgewirkt hat, kann man es Bruder Leonhard nicht hoch genug anrechnen, dass er sich von der abergläubischen Furcht vor der Thematik nicht von seinen Recherchen hat abschrecken lassen.

Genau das hatte ich auch Schwester Laurentia gegenüber angesprochen. "Sagen Sie", hatte ich sie gefragt, "woher hat Bruder Leonhard eigentlich die Kraft genommen, sich über all diese Tabus hinwegzusetzen?"

Schwester Laurentias Augen leuchteten, als ich mich so anerkennend über ihren geistigen Lehrmeister äußerte. "Bruder Leonhard war einfach unempfänglich für die Einflüsterungen des Aberglaubens", erklärte sie.

Sie dachte kurz nach, dann zitierte sie aus dem Gedächtnis: "'Der Aberglaube ist das Gegenteil des Glaubens', hat er einmal zu mir gesagt. Für ihn zeugte er letztlich von einem Misstrauen gegenüber Gott. Anstatt die Furcht vor unerklärlichen, mysteriös wirkenden Dingen im Gebet zu überwinden, anstatt sich also auf die ordnende Hand des Allmächtigen zu verlassen, versuchen abergläubische Menschen diese Dinge mit ihren eigenen Mitteln aus der Welt zu schaffen. Sie verbannen sie aus ihrem Wortschatz oder belegen sie mit irgendeinem kindischen Zauber – und verstricken sich auf diese Weise erst recht heillos darin. Indem der Aberglaube sie so an ihre Ängste fesselt, ist er ein mächtiges Werkzeug in der Hand des Teufels."

Schwester Laurentia fischte ein paar weitere Blätter aus der Mappe heraus und legte sie vor mich hin. "Das hier hat leider auch nicht gerade dazu beigetragen, das Tabu aufzuweichen", bemerkte sie lakonisch.

Verwirrt überflog ich die Abbildungen auf den Blättern. "Aber ... Da sind ja nur Wohnungseinrichtungen zu sehen ... Etwas protzig vielleicht, aber doch in keiner Weise anstößig."

"Der Schein trügt", korrigierte mich Schwester Laurentia. "Was Sie hier sehen, sind Skizzen für das Innere eines Bunkers. Und wohnen sollte darin niemand anderes als Adolf Hitler."

"Wie bitte? Wer?" Ich dachte, ich hätte mich verhört.

"Sie haben ganz richtig verstanden", bekräftigte Schwester Laurentia. "Es handelt sich hier um Baupläne für ein unterirdisches Führerhauptquartier, das im Notfall als Rückzugsort für die oberste Führungsriege der Nazis dienen sollte. Es hatte schon seit Längerem Gerüchte gegeben, dass so etwas auf Kaiserhorst geplant war. Bruder Leonhard hat nun im Nachlass eines Erben von Albert Speer, dem großen Nazi-Baumeister, diese Skizzen entdeckt. Darin hat er den Beweis dafür gesehen, dass es solche Pläne tatsächlich gegeben hat."

"Und was hat ihn so sicher gemacht, dass die Pläne sich auf Kaiserhorst bezogen haben?" wollte ich wissen.

"Eine Bemerkung, auf die er in einem Briefwechsel zwischen Speer und einem seiner Untergebenen gestoßen ist", erläuterte Schwester Laurentia. "Sie lautete: 'So wird also der Kaiserhorst in einen Hort des Führers verwandelt werden'."

"Die Geschichte von Kaiserhorst scheint ja wirklich einiges an Brisanz zu enthalten", resümierte ich nach einem kurzen Schweigen. "Aber warum hat Bruder Leonhard seine Erkenntnisse denn dann nicht veröffentlicht? Er hätte doch wissen müssen, dass seine Forschungsergebnisse nach seinem Tod wieder in der Versenkung verschwinden würden."

"An ihm hat es nicht gelegen", verteidigte Schwester Laurentia ihr geistiges Vorbild. "Bruder Leonhard wollte seine Recherchen durchaus öffentlich machen. Er war nur der Meinung, dass man dafür auch das gegenwärtige Erscheinungsbild des sagenumwobenen Ortes mit berücksichtigen müsse. Sonst wäre die ganze Geschichte ja unvollständig geblieben."

Sie holte tief Luft, dann ergänzte sie: "Also ist er zu der Bergkuppe hinaufgepilgert und hat ein paar Fotos geschossen – auch von dem neuen Tagungshotel, das vor Kurzem an dem Ort errichtet worden ist. Daraufhin ist er ziemlich rüde von irgendwelchen Wachleuten am Arm gepackt und zur Geschäftsleitung geschleift worden. Dort hat man ihm dann nicht nur untersagt, die geschossenen Fotos für seine Veröffentlichung zu verwenden. Die haben ihm auch damit gedroht, die ganze Publikation gerichtlich verbieten zu lassen, wenn darin rufschädigendes Material enthalten sein sollte."

"Aber das geht doch gar nicht!" entrüstete ich mich. "Man kann doch niemandem verbieten, die Wahrheit über einen Ort zu verbreiten, nur weil man in seinen Hochglanzprospekten eine andere Geschichte darüber erzählt!"

Schwester Laurentia zuckte mit den Schultern. "Natürlich nicht. Aber Bruder Leonhard war zu dem Zeitpunkt schon sehr schwach, er wollte seine letzten Tage nicht von solchem Ärger verdüstern lassen. Und dann hätte ein Rechtsstreit am Ende ja auch dem Kloster schaden können. Schwarze Messen und Nazi-Bunker: Was, wenn jemand daraus eine Story im Stil von 'Ein Mönch auf Abwegen' oder 'Die dunkle Seite des Bruder Leonhard' gemacht hätte? Das hätte er auf keinen Fall ..."

Ein leises Glockengeläut unterbrach unser Gespräch. Seltsam: Glockengebimmel? So tief unten im Keller?

Schwester Laurentia griff in eine Tasche ihres Habits und förderte ein Smartphone zutage. "O je!" rief sie aus. "Das Mittagsgebet! Das hätte ich fast vergessen." Anscheinend verfügte sie über eine App, die sie automatisch an die vorgeschriebenen Tagesgebete erinnerte.

Rasch sortierte sie die Blätter wieder in die Mappe ein und legte diese ins Regal zurück. "Es tut mir leid, dass wir unser Gespräch so abrupt beenden müssen", entschuldigte sie sich. "Aber die Gebetszeiten werden bei uns sehr strikt eingehalten. Die Schwester Oberin kann bei Verspätungen ziemlich ungemütlich werden."

Schwester Laurentia schloss die Tür zum Handschriftenarchiv ab, dann bestiegen wir wieder das Wendeltreppenkarussell. In raschen Schwüngen schraubten wir uns nach oben, wie zwei Adler, die sich aus dem dunklen Tal in die leuchtende Gipfelwelt emporschwingen.

IV. Im Tagungshotel "Kaiserforst"

1. Der Dienstmädchen-Automat

Samstag, 10. Juni

So fühlt sich also ein Leben als Dienstmädchen an. Es ist ein wenig, als wäre man ein Hotelzubehör, dem ein Programmierfehler der Schöpfung eine Seele eingehaucht hat.

Frühmorgens oder, meiner Empfindung nach, mitten in der Nacht holen sie dich aus deiner Abstellkammer und beordern dich in die Küche. Dort zischst und klirrst und klapperst du hektisch vor dich hin. Du bist ein Frühstücksautomat, und während du innerlich verkümmerst vor Schlaflosigkeit, versprühst du einen Muntermacher-Cocktail aus Kaffeeduft und dem Aroma frisch aufgeschnittener Früchte.

Als Krönung deines Morgenwerks mutierst du zu einer Tischdecke. Ehrerbietig saugst du Eigelbspritzer und Marmeladenkleckse auf, du hörst geflissentlich weg, wenn über die Geheimnisse der Nacht getuschelt wird, und du gibst keinen Laut von dir, wenn der heiße Kaffee auf deinen Rücken tropft. Denn du bist nur eine Tischdecke, und Tischdecken kennen keinen Schmerz.

Nach dem Frühstück verwandelst du dich in einen Müllschlucker. Du schluckst die schalen Überreste nächtlicher Umarmungen hinunter, die sauren Zeugnisse so manchen Rausches, die klebrigen Hinterlassenschaften des morgendlichen Mahls. Du saugst die verbrauchte Luft ein und entlässt sie frisch und aromatisiert wieder in den Raum. Du pickst die Staubkörner aus den Ecken und gibst den missbrauchten Betten den Anschein, nie benutzt worden zu sein.

Zur Mittagszeit wirst du zu einem Schneidebrett. Der Geruchsmantel fein gehackter Zwiebeln legt sich um dich, das Blut rohen Fleisches dringt durch die Poren deines Gesichts, du erzitterst unter der Last ungezählter Kartoffeln, die auf dir geviertelt werden. Am Ende bringt ein heftiger Wasserstrahl die feinen Äderchen auf deiner Haut zum Platzen.

An den Nachmittagen erstarrst du oft zu einem breiten, alles aufnehmenden Lächeln. Du verschmilzt mit der Rezeption, vielarmig verteilst du Schlüssel und Chipkarten und Champagnerblicke. Du bist ein Freundlichkeitsautomat, der all seine Wärme nach außen hin abstrahlt, während er innerlich erkaltet.

Manchmal nutzt man dich auch als Treppenlift. Dann stapeln sich auf dir die Träume der Reisenden, ihre hochfliegenden Pläne und ängstlichen Vorkehrungen. Sorgsam trägst du die Last der Visionen hinüber ins Reich der Wirklichkeit, zuweilen wie Charon mit einer abergläubischen Münze beschenkt, damit die Saat der Träume auch aufgeht. Und immer ist dein Gesicht wie ein Bergsee an einem klaren Sommertag, ein hell schimmernder Spiegel für die Hoffnungen der Reisenden.

Am Abend wirst du zu einem Zaubertrank. Du ergießt dich in die Gläser der Gäste, die an der Theke ihren Libidopegel befeuern, du brennst wirre Worte auf ihre Lippen, verheißungsvoll glühst du in ihren Adern. Flackernde Blicke umschwirren dich, duldsam erträgst du das Pochen des anschwellenden Vulkans.

Irgendwann nach Mitternacht landest du dann wieder in deiner Abstellkammer – auch wenn selbst dann so mancher dich gerne noch als Sofa benutzen würde, als sanft vibrierendes Massagekissen, das ihn in den Schlaf wiegt und ihn dabei mit flüchtigen Träumen beschenkt, unverbindlichen, zu nichts verpflichtenden Träumen, die er am anderen Morgen schon wieder vergessen hat.

2. Spurensuche auf Kaiserhorst

Montag, 12. Juni

Habe ich mich vielleicht in etwas verrannt? Ist "Kaiserhorst" bei mir zu einer fixen Idee geworden, die mich daran hindert, klar zu denken? Hält mich das vielleicht sogar davon ab, die Suche nach Esther systematischer zu betreiben?

Leider gibt es nämlich noch immer keine Spur von ihr! In meiner Verzweiflung habe ich mich sogar schon dazu hinreißen lassen, ihre Eltern anzurufen – obwohl wir uns fest vorgenommen hatten, sie nicht in die Sache hineinzuziehen. Ich hätte das auch in der Tat besser gelassen – denn sie wussten auch nicht, wo Esther sich aufhält. Bislang hatte es sie nicht weiter beunruhigt, dass ihre Tochter sich schon seit Längerem nicht mehr bei ihnen gemeldet hat, weil das öfter mal vorkam. Jetzt aber sind natürlich auch sie in heller Aufregung.

Vielleicht sollte ich mich einfach in den nächsten Zug setzen und nach Hause fahren, selbst auf die Gefahr hin, dort der Polizei in die Hände zu laufen. Diese Ungewissheit macht mich noch ganz krank! Ich kann doch hier nicht einfach so weitermachen, als wäre nichts geschehen, während Esther womöglich in lebensbedrohlichen Schwierigkeiten steckt!

Andererseits: Was würde es schon ändern, wenn ich jetzt heimfahren würde? Zu Hause könnte ich schließlich auch nicht mehr für Esther tun – im Falle einer Festnahme sogar weniger als hier. Kaiserhorst ist und bleibt nun einmal der einzige Anhaltspunkt für meine Suche nach ihr.

Immerhin hat sich der Schleier des Mysteriösen, Geheimnisvollen, der diesen Ort lange für mich umgeben hat, mittlerweile gelichtet. Seit ich auf diese Anhöhe gestiefelt bin, weiß ich: Kaiserhorst ist keine Räuberhöhle im finsteren Wald, auch keine Ritterburg, die sich verwegen an eine Felswand schmiegt.

Was sich heute hier befindet, ist schlicht ein modernes Tagungshotel. Es heißt allerdings nicht "Kaiserhorst", sondern "Hotel Kaiserforst" – weswegen sich unter ersterem Namen im Netz auch keine Einträge finden. Von Schauerromantik und Hexentänzen ist hier nicht das Geringste zu spüren. Man kann noch nicht einmal sagen, dass der Ort abseits von Alltagstrubel und Verkehrslärm liegt. Es führt eine breite Straße auf den Berg, und das Hotel verfügt sogar über einen eigenen Busparkplatz.

Von außen erinnert der Bau mit seiner breiten, verspiegelten Fensterfront eher an ein Bankgebäude als an einen Urlaubsort im Gebirge. Bergidylle blitzt hier nur als architektonisches Zitat auf, etwa bei den holzgeschnitzten Balkonen, oder als museale Reminiszenz, wie im Falle der alten Bauerngeräte, mit denen die Wände der Gaststube geschmückt sind.

Als ich Kaiserhorst erreichte, war gerade ein Bus angekommen. Das gab mir die Gelegenheit, mich ungestört in der Hotellobby umzuschauen. Allerdings habe ich dort nichts Ungewöhnliches entdecken können. Mein Blick fiel auf eine Ehrfurcht gebietende Sitzecke aus schwarzem Leder, einen Kaffeeautomaten "nur für Gäste", zwei Fahrstühle, alles in dezente, indirekte Beleuchtung gehüllt – es war eben das typische Ambiente einer modernen Hotellobby.

Enttäuscht wandte ich mich den Faltblättern und Prospekten zu, die neben der Rezeption in einem Drehständer klemmten. Gelangweilt nahm ich ein Heftchen nach dem anderen heraus und blätterte darin herum. Lauter bunte Bildchen, Werbung für Familienspaß im Erlebnisbad, das "unvergessliche Abenteuer Rafting", geführte Almwanderungen, Bauernmuseen, Mountainbike-Trails und Waldlehrpfade. Nichts, was in irgendeiner Weise von Bedeutung für mich gewesen wäre.

Dann jedoch entdeckte ich auf einem Beistelltisch einen Stapel mit Prospekten, in denen die hoteleigenen Veranstaltungen aufgeführt waren. Das versprach schon eher interessant zu sein.

Ich erfuhr, dass es sich bei den meisten Tagungen, die in dem Hotel durchgeführt wurden, um geschlossene Gesellschaften handelte. In einigen Fällen gab es jedoch im Rahmen der nicht-öffentlichen Veranstaltungen einzelne Vorträge, zu denen auch Interessierte von außen zugelassen waren. Diese Angebote listete der Prospekt auf.

Die diversen Vorträge richteten sich am ehesten an ein gehobenes Volkshochschulpublikum. Im Rahmen einer Tagung der örtlichen Handelskammer wurde etwa über "die Finanzkrise und die Selbstheilungskräfte des Marktes" referiert. Ein Treffen von Vertretern der Automobilindustrie spendierte einen Beitrag über "die Zukunft des Autofahrens". Und der Sigmund-Freud-Freundeskreis steuerte – Überraschung! – einen Vortrag über "Freud heute" bei.

All das rauschte an mir vorbei wie Werbung im Radio – bis ich auf die Vorankündigung für eine Veranstaltung des "Internationalen Heimatverbandes" stieß. Seltsam, dachte ich: "International" und "Heimat" – ist das nicht ein Widerspruch in sich? Neugierig geworden, blickte ich auf die Vorträge, mit denen hier die Öffentlichkeit beglückt werden sollte.

Ein lautloser Schrei entfuhr mir. Denn die Redner, die in diesem Fall die Festvorträge halten sollten, waren: "Dr. Bruno Leppin" und "Hartmut Sturm, Vorsitzender des Bergbauernbündnisses". Leppin sollte über "kulturelle Identität und Grenzsicherung" reden, der Ortsbürgermeister über den "Beitrag des Bergbauernbündnisses zur Heimatpflege".

Das also war mit dem Gerede von "Kaiserhorst" gemeint! Offenbar ging es dabei um eben jene Tagung, die in dem Prospekt angekündigt wurde. Aber warum sprachen alle von "Kaiserhorst", wenn das Hotel doch "Kaiserforst" hieß? Und was hatte die Veranstaltung mit mir zu tun? Warum hatten die beiden Männer, die mich in der Berghütte festnehmen wollten, sich vor dem "Heidenärger" gefürchtet, der ihnen "auf Kaiserhorst" drohe, sollte ich ihnen entwischen?

Immer schneller drehte sich das Karussell der Fragen in mir: Hing das Verschwinden von Toni und Elisabeth auch mit der Tagung zusammen? Hatte Esther vielleicht etwas erfahren, das sie nicht hätte erfahren dürfen, und war deshalb ebenfalls aus dem Verkehr gezogen worden? Aber was sollte an der Tagung eines "Internationalen Heimatverbandes" – so widersinnig sie auch sein mochte – so geheim, so konspirativ sein, dass niemand etwas darüber wissen durfte?

Mir war sofort klar, dass ich auf all diese Fragen nur dann Antworten bekommen konnte, wenn ich an der Tagung teilnehmen würde. Sich nur die öffentlich zugänglichen Vorträge anzuhören, hätte überhaupt nichts gebracht – denn diese standen doch wohl gerade deshalb der Allgemeinheit offen, weil darin nichts als Gemeinplätze verbreitet werden sollten.

Aber wie sollte ich es anstellen, mich so kurzfristig für die Tagung einzuschreiben? Die Teilnahme war ja allein Mitgliedern des Internationalen Heimatverbandes vorbehalten. Um in den Verein einzutreten und mich danach noch für die Tagung zu registrieren, fehlte mir jedoch die Zeit.

Da entdeckte ich unweit des Beistelltischs mit den Prospekten einen Aushang: "Zur Verstärkung unseres Teams suchen wir aushilfsweise Bedienstete für Hotelküche und Zimmerservice", las ich.

Ich wusste natürlich, dass dies die politisch korrekte Umschreibung war für die Suche nach Menschen, die verzweifelt genug waren, sich vorübergehend in einem Hotel versklaven zu lassen. Und selbstverständlich war dabei unausgesprochen an weibliches Personal gedacht. Als Mann brauchte ich mich wohl gar nicht erst auf die Anzeige zu melden.

Im selben Augenblick stiegen jedoch Bilder vom Fasching in mir auf, in dem ich mich in meiner Jugend immer wieder gerne als Haremsdame oder Prinzessin verkleidet hatte. Unwillkürlich fuhr ich mir über die Wangen: Wenn ich mich mal wieder ordentlich rasieren würde, müsste ich bei entsprechender Verkleidung eigentlich immer noch als weibliches Wesen durchgehen …

Kurz entschlossen ging ich zurück in die Stadt und besorgte mir für mein restliches Geld in einem Second-Hand-Laden einen Rock und eine Bluse. Außerdem erstand ich in einem Drogeriemarkt Make-up, einen Einwegrasierer und einen Lippenstift im Sonderangebot. Damit begab ich mich auf eine öffentliche Toilette und eröffnete meinen privaten Karneval.

Nach meiner Blitz-Geschlechtsumwandlung kehrte ich umgehend zurück ins Hotel. Dort nahm ich all meinen Mut zusammen und trat an die Rezeption. Die fesche Dame dahinter schenkte mir ihr professionellstes Lächeln: "Was kann ich für Sie tun?"

Ich atmete erleichtert auf. Offenbar akzeptierte die Empfangsdame mich ohne weiteres als Geschlechtsgenossin. "Ich komme wegen des Aushangs in der Hotelloby", eröffnete ich ihr. "Ich schaue mich nämlich gerade nach einer Überbrückungstätigkeit zwischen zwei Arbeitsstellen um. Und da käme eine Aushilfstätigkeit für mich gerade recht."

Die Lippen der Frau bogen sich eine Spur nach unten. Die minimale Veränderung der Mimik reichte jedoch aus, um dem Lächeln einen abschätzigen Anstrich zu geben. "Da müssen Sie mit dem Geschäftsführer sprechen", belehrte sie mich. "Ich kann gerne mal versuchen, ob er gerade zu erreichen ist."

Sie griff nach dem Telefonhörer und gab eine Nummer ein. "Keine Antwort", sagte sie, nachdem sie anscheinend ein paar Freizeichen abgewartet hatte. "Hätte mich auch gewundert", erklärte sie, den Hörer noch immer am Ohr. "Unser Herr Lange hat zur Zeit wirklich alle Hände voll … Ah, Herr Lange, sind Sie doch am Platz? Hier ist eine Frau …"

"Schuster", flüsterte ich auf den fragenden Blick hin. Etwas anderes als der Mädchenname meiner Mutter war mir auf die Schnelle nicht eingefallen. Meinen richtigen Namen anzugeben, wäre natürlich viel zu gefährlich gewesen.

"... Frau Schuster", echote die Empfangsdame. "Sie kommt wegen unseres Aushangs mit den Jobangeboten, und da wollte ich ... Ja, gut, ich schicke sie Ihnen gleich vorbei."

"Sie haben Glück – Herr Lange hat gerade ein paar Minuten Zeit und ist bereit, sich mit Ihnen zu unterhalten", informierte mich die Empfangsdame, während sie den Hörer auflegte. "Gehen Sie einfach quer durch die Halle und dann durch die Tür da hinten, wo 'Personal' drüber steht. Das letzte Büro im Gang, da erwartet Sie unser Herr Geschäftsführer."

3. Eine glückliche Fügung

Dienstag, 13. Juni

Beunruhigende Neuigkeiten … Da Esthers Handy nach wie vor abgeschaltet ist, habe ich zum äußersten Mittel gegriffen: Ich habe mit verstellter Stimme in Leppins Büro angerufen. Ich gab vor, ein Bruder von Esther zu sein, der diese in einer dringenden Familienangelegenheit sprechen müsse.

"Tut mir leid", wisperte mir eine Bürohäschenstimme ins Ohr, "die Referentin von Herrn Leppin befindet sich derzeit auf einer Fortbildung. Soll ich ihr etwas ausrichten, wenn sie zurückkommt?"

Fortbildung? echote es in mir. Davon hätte Esther mir doch bestimmt etwas geschrieben!

"Danke, aber es ist wirklich sehr dringend", beharrte ich. "Vielleicht könnten Sie mir die Nummer der Fortbildungsstätte geben?"

"Ich bedaure", säuselte es weiter an meinem Ohr, "aber darüber liegen mir leider keine Informationen vor. Wollen Sie nicht doch eine Nachricht hinterlassen?"

Während ich das Gespräch beendete, musste ich an Toni denken: War der von Bergbauernführer Hartmut nicht auch auf eine ominöse "Fortbildung" geschickt worden? Aber was hatte das eine mit dem anderen zu tun? Wie konnte in beiden Fällen "Fortbildung" ein Synonym für das plötzliche Verschwinden eines Menschen sein?

Es kommt mir total albern vor, dass ich hier die Dienstmagd gebe, während Esther ganz offensichtlich in Gefahr schwebt. In einer Gefahr, die mir umso bedrohlicher vorkommt, weil sie so gesichtslos, so ungreifbar ist.

Dabei kann ich noch froh sein, dass ich den Job hier überhaupt bekommen habe. Unter normalen Umständen hätte der "Herr Geschäftsführer", auf den mich die Empfangsdame verwiesen hatte, eine wie mich sicher nicht eingestellt – auch wenn ich mir unter einem "Herrn Geschäftsführer" etwas ganz anderes vorgestellt hätte.

Der Mann, der mich im Büro der Geschäftsleitung empfing, schien deutlich jünger zu sein als ich. Mit seinem Konfirmationsanzug, dem gescheitelten Haar und der großen Brille wirkte er wie ein Pennäler, der Direktor spielt.

"So", begann er, nachdem wir uns an seinen Besprechungstisch gesetzt hatten, "Sie interessieren sich also für eine unserer Aushilfsstellen ..." Er schaute etwas irritiert auf meine hennaroten Haare – die nicht gerade dem Idealbild eines braven Dienstmädchens entsprachen –, war ansonsten aber durchaus entgegenkommend. An meiner Stimme, die ich eine Oktave höher schraubte – wobei ich mich bemühte, nicht kastratenhaft zu klingen –, fand er offenbar nichts Verdächtiges.

Derart ermutigt, tischte ich ihm einfach irgendeine naheliegende Geschichte auf: "An meiner bisherigen Arbeitsstelle hat es, wie man so sagt, 'betriebsbedingte Kündigungen' gegeben. Und nun suche ich etwas für die Übergangszeit, bis ich eine neue Stelle gefunden habe."

Der Pennäler-Geschäftsführer sah mich aus listigen Augen an. "Verstehe ... Dann zeigen Sie mir doch einfach mal Ihre Papiere."

Ich spürte, wie eine unangenehme Hitze in mir aufstieg. "Die Papiere ...", fasste ich mir, die Überraschte spielend, an den Kopf. "So was Dummes aber auch! Die habe ich doch im Eifer des Gefechts glatt zu Hause vergessen."

Der Schüler-Chef grinste. "So-so ... Na, dann wäre das Gespräch ja jetzt eigentlich beendet."

Er machte eine kurze Pause, dann ergänzte er: "Aber Sie haben Glück: Wir brauchen tatsächlich dringend ein paar Aushilfskräfte. Nächste Woche haben wir hier eine große Tagung, und unser Subunternehmer aus Bulgarien, über den wir in solchen Fällen immer Personal rekrutieren, hat uns kurzfristig abgesagt. Ich könnte deshalb in der Personalakte vermerken, dass Sie Ihre Unterlagen einfach später nachreichen."

Ich atmete erleichtert auf. Endlich mal ein Erfolgserlebnis! Allerdings fiel mir im selben Moment etwas sehr Unangenehmes ein: Die Tagung des Internationalen Heimatverbandes sollte in einer Woche beginnen und dann fünf Tage dauern – so lange würden meine Ersparnisse nicht reichen, um meine Unterkunft zu bezahlen. Spontan musste ich an frühere Zeiten denken, an Alkoven und Dienstmädchenzimmer – aber natürlich traute ich mich nicht, nach so etwas zu fragen. Es hätte kaum einen guten Eindruck gemacht, sich als Obdachlose zu präsentieren.

Ich richtete mich schon darauf ein, notfalls eben auf einer Parkbank zu übernachten. Da knüpfte Herr Lange – der übrigens recht kurz geraten war – das Jobangebot noch an eine Bedingung.

"Es gibt da allerdings eine Sache, auf die ich Sie hinweisen muss", klärte er mich auf. "Unsere bulgarischen Aushilfskräfte sind bereit, im Notfall Doppelschichten zu übernehmen. Das ist auch im Interesse der Beschäftigten, denn doppelte Arbeit bedeutet natürlich doppelten Lohn – und wir halten uns stets an die Tarifverträge, die wir mit unseren Partnern in den Entsendeländern abschließen. Doppelschichten haben allerdings zur Folge, dass die Bediensteten für die Dauer ihrer Tätigkeit bei uns übernachten müssen. Der Zeitverlust für das tägliche Pendeln zur Arbeit wäre einfach zu groß. Daran müssten auch Sie sich halten, wenn Sie die Aushilfsstelle bei uns antreten."

Was für eine glückliche Fügung! Mir war zwar klar, dass ich hier nicht mit einem Luxusappartement rechnen konnte. Aber besser als die Parkbank wäre es allemal! Also erklärte ich mich mit allem einverstanden und unterschrieb ein Papier, das meinen Arbeitsbeginn, wegen der nötigen Vorbereitungen für die Tagung, gleich auf den nächsten Tag festlegte.

4. Eine Tagung, bei der nicht getagt wird

Donnerstag, 15. Juni

Wenn ich die Tagung des Internationalen Heimatverbandes beschreiben sollte, würde ich sagen: Es handelt sich dabei um eine Art Mischung aus Volksmusikparade und Late-Night-Talkshow. Ein äußerst wirksames Schlafmittel!

Dabei ist die Stoßrichtung dieser dubiosen Organisation durchaus brisant. Worum es geht, ist gleich am ersten Abend deutlich geworden, als Leppin in seiner Eröffnungsrede aus der Präambel der Satzung zitiert hat.

"Jedes Volk hat das unabänderliche Recht auf Heimat", heißt es darin. "Insofern die Wahrung der kulturellen Identität ein zentraler Bestandteil von Heimat ist, ist Heimatschutz untrennbar mit einer strikten Kontrolle der Einwanderung und der Sicherung der nationalen Grenzen verbunden."

Wollte man etwas Positives über die Tagung sagen, dann müsste man wohl herausstellen, dass hier immerhin miteinander geredet wird. Anstatt sich gegenseitig die Köpfe einzuschlagen, steckt jeder seine Claims ab. Das Ganze scheint eine Art von präventiver ethnischer Säuberung zu sein.

Seltsam ist nur, dass die einzig gut besuchte Veranstaltung das Frühstück ist. Alle im Anschluss an Leppins Rede gehaltenen Vorträge fanden vor äußerst spärlich besetzten Stuhlreihen statt. Dabei haben sich zu der Tagung mehr Personen angemeldet, als in den großen Vortragssaal hineinpassen. Und außer Vorträgen wird auch gar nichts angeboten – die Seminarräume sind allesamt verwaist.

Könnte es sein, dass die Tagung von dem Verband nur angemeldet worden ist, um den Mitgliedern über die günstige Tagungspauschale einen billigen Urlaub zu ermöglichen? Aber wieso sehe ich dann morgens niemanden das Haus verlassen?

Außerdem würde das auch schlecht zu dem heiligen Ernst passen, mit dem hier in einem entfernt nach Englisch klingenden Kauderwelsch über schwedische Brauchtumspflege und griechische Trachtentraditionen gesprochen wird. Für die Hauptredner sind sogar Simultandolmetscher engagiert worden!

Eine Schrecksekunde hatte ich zu überstehen, als Leppin mich beim Frühstück an seinen Tisch herangewunken hat, um sich Kaffee nachzubestellen. Glücklicherweise war er so ins Gespräch vertieft, dass er nur flüchtig zu mir herübergeblickt hat. Außerdem konnte er ja auch nicht damit rechnen, mich hier anzutreffen. So hat meine Maskerade diesem ersten Härtetest standgehalten.

Leider hat der ganze Aufwand, den ich betrieben habe, um mich hier einzuschmuggeln, bislang noch zu rein gar nichts geführt. Die Vorträge sind ebenso belanglos wie die Tischgespräche. Anscheinend handelt es sich doch um eine ganz normale Tagungstruppe, die den Aufenthalt in der Fremde für allerlei anderweitige Vergnügungen nutzt.

Noch nicht einmal das Schnüffeln in Leppins Zimmer hat etwas gebracht. Ich habe extra mit einer Kollegin getauscht, um bei ihm sauber machen zu können. Und ich hatte auch alle Zeit der Welt, weil tagsüber niemand auf seinem Zimmer ist. Zu meiner Enttäuschung konnte ich aber nichts Auffälliges entdecken.

Ein Anzug zum Wechseln, ordentlich aufgehängt, ein Gala-Anzug, ein Stapel akkurat zusammengelegter Hemden, Strümpfe, Unterwäsche, ein leergeräumter Koffer, im Bad die üblichen Utensilien, auf dem Tisch eine halb leere Flasche Mineralwasser – das war's. Ich habe sogar die Innenverkleidung des Koffers nach möglichen Geheimfächern abgesucht, wie sie in den Agentenfilmen so oft vorkommen. Aber alles, was ich gefunden habe, war ein eingenähtes Täschchen, hinter dessen Reißverschluss die Reisedokumente verstaut waren. Nichts, wirklich gar nichts Verdächtiges!

Und dafür schlüpfe ich hier Tag für Tag in dieses vorsintflutliche Dienstmädchenkostüm und trage den Herren Brauchtumspflegern auf (Damen sind in der Tat fast keine darunter). Ich komme mir von Stunde zu Stunde alberner vor!

5. Reise in die Unterwelt

Freitag, 17. Juni

So, ihr Leppins und Hartmuts und Brunos: Jetzt kenne ich euer Geheimnis! Jetzt ist es mir endlich gelungen, hinter die Fassade eurer lachhaften Vorträge zu schauen! Jetzt weiß ich, was der wahre Zweck dieser Tagung ist!

Der Schlüssel zum Erfolg war es, sich für die Etage einteilen zu lassen, auf der Bergbauernführer Hartmut sein Zimmer hat. Anders als bei Leppin habe ich hier gleich gespürt, dass etwas nicht stimmt. Das Unauffällige war einfach so absichtsvoll inszeniert, dass es eben deshalb verdächtig wirkte.

Nicht nur waren die Kleider alle fein säuberlich in den Schrank einsortiert. Dazu war auch noch das Bett gemacht, am Spiegel im Bad fanden sich keinerlei Zahnputzspritzer, und aus dem Papierkorb blitzte mir nicht der kleinste Schnipsel entgegen. Das Zimmer wirkte praktisch unbenutzt.

Gleichzeitig war der Herr Ortsbürgermeister aber auch leichtsinniger als Leppin. Auf dem Nachttischschränkchen fand ich eine kleine Notiz, in der er sich selbst daran erinnerte, "Hubert wg. Wb." anzusprechen. Das hatte für mich zwar keinerlei Aussagekraft, zeigte mir jedoch, dass auf der Tagung eben doch – anders, als die Vorträge glauben machen wollten – auch ganz konkrete Dinge besprochen wurden.

Derart ermutigt, habe ich das Zimmer des Bergbauernführers noch genauer unter die Lupe genommen als das von Leppin. Beim Öffnen des Schranks ist mir aufgefallen, dass die Kleiderbügel mit den Anzügen und Hosen alle dicht gedrängt auf der linken Seite hingen, obwohl auf der rechten Seite noch viel Platz war. So habe ich auch bemerkt, dass die hintere Wand des Schranks an dieser Stelle beschädigt war. Sie wies eine leichte Delle auf und schien teilweise sogar aus der Verankerung gerissen zu sein.

Seltsam, dachte ich: Sollten in diesem exquisiten Tagungshotel, das so sehr auf die Etikette achtet, tatsächlich Sperrholzplatten vom Möbeldiscounter verbaut worden sein?

Vorsichtig fuhr ich mit den Fingern über das Holz. Und tatsächlich: Die hier eingesetzte Platte war lose. Allerdings war das keineswegs die Folge einer nachlässigen Montage. Bei genauerem Hinsehen erkannte ich vielmehr, dass sie absichtlich so eingebaut worden war. Es handelte sich bei ihr auch nicht einfach um den hinteren Teil eines Schranks. Nein, ich hatte es hier mit einer Schiebetür zu tun, einem Sesam-öffne-dich, das mir den Weg in ein gut verstecktes Schattenreich wies.

Ob ich hier wohl auf einen Versorgungs- und Fluchttunnel der mittelalterlichen Burg Kaiserhorst gestoßen war? Oder auf einen alten Bergstollen? Oder gar auf einen Teil des Nazi-Bunkers, von dem Schwester Laurentia mir erzählt hatte?

Die Schiebetür gab ein surrendes Geräusch von sich, als ich sie berührte. Offenbar war sie mit einem Mechanismus versehen, durch den sie sich automatisch bewegte, wenn man das Holz an einer bestimmten Stelle anfasste. Weil sich dieses jedoch verzogen hatte, war der Mechanismus teilweise blockiert, so dass die Tür beim Zurückschwingen nicht mehr vollständig in der Verankerung einrasten konnte.

Hinter der Tür schlug mir ein muffiger Kellergeruch entgegen. Zu sehen war nichts außer einem rot blinkenden Lichtpunkt. Als ich darauf drückte, machten sich knisternd die Neonröhren an der Decke bemerkbar. Einen Augenblick später war alles grell erleuchtet.

Mein Blick fiel auf einen Treppenabsatz mit grauen Betonwänden, von dem an einer Seite abgetretene Stufen in die Tiefe führten. Es sah aus wie die Treppe eines x-beliebigen Parkhauses. War das am Ende nur ein alter Notausgang, der im Zuge von Renovierungsarbeiten überflüssig geworden war? Aber warum hatte man ihn dann nicht einfach zugemauert?

Langsam stieg ich nach unten. Die Wände waren zwar, aus Mangel an Lüftungsmöglichkeiten, feucht, wirkten jedoch ganz und gar nicht mittelalterlich. Alles war aus modernem, glattem Beton gefertigt und offenbar vor nicht allzu langer Zeit angelegt worden.

Auf der nächsten Etage zweigte nach einer Seite ein schmaler Flur ab. Hier war es deutlich heller. Die Neonröhren wurden durch eine andere Lichtquelle ergänzt, die durch ein breites Fenster auf der gegenüberliegenden Seite in den Gang abstrahlte.

Ich ging auf die Glasscheibe zu – und hielt unwillkürlich die Luft an. Hinter dem Fenster wölbte sich ein hoher Saal, der wie eine Kopie des prunkvollen Vortragsraums im Hotel aussah – nur dass er in allem noch festlicher, noch gediegener wirkte als dieser.

Der Grund dafür war vor allem die Beleuchtung. Durch die rundum verspiegelten Wände, die das Licht reflektierten, war der Saal in einen fast schon sternengleichen Glanz getaucht. Unwillkürlich musste ich an mein Gespräch mit Schwester Laurentia denken, an ihre Worte über den Fürsten der Finsternis, der sich so gerne wieder zu einem "Engel des Lichts" aufschwingen würde.

Durch die kreisrunde Anordnung der Sitze ähnelte der Saal eher einem Parlament als einem gewöhnlichen Vortragssaal. Erst jetzt entdeckte ich zudem, dass es sich bei dem vermeintlichen Fenster in Wahrheit um eine Glastür handelte, durch die man auf eine Art Empore treten konnte.

Dieselbe Möglichkeit bot sich auch an zahlreichen anderen Stellen: Die Wände waren in regelmäßigen Abständen von Glastüren durchbrochen. Dies ließ darauf schließen, dass es auch in anderen Hotelzimmern Kleiderschränke mit Schiebetüren gab, die sich auf dieses unterirdische Tagungszentrum hin öffneten.

Ich selbst nahm allerdings tunlichst davon Abstand, durch die Glastür zu treten. Schließlich hätte ich auf der Empore wie auf einem Präsentierteller gestanden. Stattdessen ging ich wieder zur Treppe zurück und stieg ganz nach unten hinab. Dort gelangte ich an eine weitere Glastür, die nun allerdings auf keine Empore führte, sondern zu den Sitzreihen.

Der Vortragssaal war komplett verwaist. Merkwürdig, dachte ich. War das Ganze am Ende doch nicht so geheim, wie ich annahm? Hatte ich lediglich ein zweites Tagungszentrum entdeckt, das ganz regulär neben dem anderen, in das Hotel integrierten, benutzt wurde? Waren die Mitglieder des Internationalen Heimatverbandes doch zu irgendwelchen Sightseeing-Touren ausgeflogen?

Es half alles nichts: Wenn ich Klarheit bekommen wollte, musste ich mich in die Höhle des Löwen hineinwagen. Vielleicht führten ja die Türen auf der anderen Seite des Saals zu weiteren Räumlichkeiten, in denen sich das eigentliche Tagungsgeschehen abspielte.

Vorsichtig schlüpfte ich durch die Tür und drückte mich an der Wand des Saals entlang zur gegenüberliegenden Seite. Und tatsächlich: Sobald ich dort eine Tür geöffnet hatte, drang ein entferntes Stimmengewirr an mein Ohr. Mit angehaltenem Atem bewegte ich mich in die Richtung, aus der die Stimmen kamen.

Nichts erinnerte hier mehr an einen Bunker oder an ein Parkhaus. Der Boden war mit Teppich ausgelegt, die Wände glänzten lachsfarben. Ein unaufdringliches, angenehm indirektes Licht erhellte den Flur.

Je deutlicher die Stimmen zu hören waren, desto mehr verlangsamte ich meinen Schritt. Nun musste ich jederzeit damit rechnen, entdeckt zu werden.

Mein Weg führte mich auf eine Art Kreuzung, von der sternförmig weitere Gänge abzweigten. Kurz bevor ich sie erreichte, hörte ich Schritte. Reflexartig presste ich mich gegen die Wand. Dadurch fiel mein Blick auf einen Seminarraum, der sich in dem schräg gegenüberliegenden Gang befand. Das Besondere an ihm war, dass er vom Flur lediglich durch eine Glaswand getrennt war. Ich hätte auf keinen Fall unbemerkt daran vorbeigehen können, zumal das Seminar – soweit ich das von meinem Platz aus beurteilen konnte – sehr gut besucht war.

Unterdessen war der zu den Schritten gehörende Körper sichtbar geworden. Ein Mann hatte den Raum zwischen den Fluren betreten und schien dort etwas zu suchen. Zeit zum Aufbruch, sagte ich mir. Fürs Erste hatte ich ja auch genug gesehen.

Ich trat einen Schritt zurück – und stieß polternd mit einem niedrigen Tisch zusammen, auf dem ein paar Tagungsunterlagen ausgelegt waren. Das hast du nun davon, du Esel, dachte ich bei mir. Jetzt hast du dich mit deiner Tolpatschigkeit selbst ans Messer geliefert!

"Hey, Froilein!" rief mich jemand von hinten an.

Ich drehte mich um – und blickte in das Gesicht eines südländisch aussehenden Mannes. "Could you bring us some coffee?" fragte er mich in einem mit romanischer Musikalität angereicherten Englisch. Offenbar ging er davon aus, dass ich ganz regulär hier unten Dienst tat.

Ich kann mich nicht daran erinnern, jemals eine solche Erleichterung empfunden zu haben. "Yes, sure", erwiderte ich euphorisch. "Wonderful idea! I'll be back in a minute."

Damit machte ich mich auf den Rückweg und ließ den verdutzten Mann allein zurück.

6. Umsturzpläne

Freitag, 17. Juni, nachmittags

Nach meinem Mittagsdienst in der Küche habe ich endlich die Zeit gefunden, die Tagungsunterlagen zu studieren, die ich bei meinem Besuch in der Kaiserhorst-Unterwelt mitgenommen habe.

Im Nachhinein muss ich sagen: Das, was mich zunächst in ernste Gefahr zu bringen schien – mein Zusammenstoß mit dem kleinen Tischchen – hat sich als echter Glücksfall erwiesen! Denn von den Faltblättern, die dabei zu Boden gefallen sind, habe ich geistesgegenwärtig eines aufgehoben und in meiner Dienstmädchenschürze verstaut. Dadurch wird mir auch allmählich klar, worum es bei der Tagung geht.

Bei den Faltblättern handelte es sich nämlich um den Raumplan für die Arbeitsgruppen, die an diesem Tag zusammenkommen sollten. Damit verbunden war eine Übersicht über die Themen, denen sich die einzelnen Gruppen widmen wollten.

Ich lege das Blatt in mein Tagebuch ein, um es nicht zu verlieren:

Raum D 01: AG Staatsaufbau: Der Führer als Inkarnation des Volkswillens. Beispiele von der Antike bis heute.

Raum D 02: AG Bildung: Der Geschichtsunterricht als Erziehung zum Patriotismus.

Raum D 03: AG Gesundheit: Die Stammzelltherapie als Mittel zur Optimierung der Volkshygiene.

Raum D 04: AG Wirtschaft: Der korporative Staat als Gegenentwurf zur antagonistischen Ökonomie.

Raum D 05: AG Öffentlichkeitsarbeit: Wege zu einer Steuerung der Informations- und Meinungsströme über die sozialen Medien.

Raum D 06: AG Innere Sicherheit: Bürgerwehren als unterstützender Faktor für die Aufrechterhaltung der öffentlichen Ordnung.

Raum D 07: AG Justizwesen: Die dienende Funktion der Richterschaft im neuen Volksrecht.

Raum D 08: AG Sport: Leibesertüchtigung als Voraussetzung für einen wehrhaften Volkskörper.

Raum D 09: AG Terrorabwehr: Techniken zur präventiven Eliminierung von Staatsfeinden.

Raum D 10: AG Arbeitsmarkt: Arbeit als Dienst an der Gemeinschaft und als Rohstoff. Evaluationsverfahren zur optimalen Platzierung von Arbeitskräften.

Raum D 11: AG Volkskunde: Familienleben einst und heute. Die zersetzende Kraft der Homosexualität.

Raum D 12: AG Kultur. Migration und Kulturverfall. Die nationale Identität als Voraussetzung für kulturelle Leistungen.

Meine anfängliche Einstufung der Tagung als eine Art Brauchtumsveranstaltung kann ich damit wohl ad acta legen. Das Ganze klingt eher nach einer weltweiten Verschwörung, nach Umsturz und schleichender Unterwanderung der bestehenden Ordnung.

Die Frage ist nur: Was fange ich mit diesem Wissen an? Natürlich wirkt das alles im höchsten Grade verdächtig – aber ist es auch verboten? Könnten Menschen, die in dieser Weise diskutieren, strafrechtlich belangt werden? Ist das nicht eher ein Fall für den Verfassungsschutz, für langfristige, abwartende Beobachtungen?

Nein, die Polizei ist hier wohl die falsche Adresse – zumal ich mir nicht sicher sein kann, ob die Heimatbündler da nicht auch wieder ihre Vertrauensleute sitzen haben. Das wäre ja nicht das erste Mal!

Und außerdem: Würde man mir bei der Polizei überhaupt Glauben schenken? Mir, einem aus der Psychiatrie entflohenen Geisteskranken? Ist es nicht viel wahrscheinlicher, dass man meine Geschichte als Phantasterei eines Geistesgestörten abtun und mich sofort wieder in eine Anstalt stecken würde?

Der entscheidende Punkt aber ist: Ich weiß noch immer nicht, wie das konspirative Treffen der Heimattümler mit dem Verschwinden von Esther, Toni und Elisabeth zusammenhängt! Wenn ich mich recht erinnere, hat Elisabeth doch von einer "Fortbildung" gesprochen, zu der Hartmut und seine Leute ihren

Sohn angeblich geschickt hätten. Bedeutet das etwa, dass im Rahmen der Tagung auch Umerziehungsmaßnahmen für unliebsame Zeitgenossen durchgeführt werden? Aber wo sind diese dann untergebracht? Soweit ich weiß, wohnen im Hotel doch nur Mitglieder des Heimatverbandes.

Wie auch immer: Solange ich keine Klarheit darüber habe, was hier genau vor sich geht, kann ich auf keinen Fall herausposaunen, was ich entdeckt habe. Dadurch würde ich mich ja selbst jeder Chance berauben, herauszufinden, was dieses heuchlerische Pack mit Esther, Toni und Elisabeth angestellt hat!

7. Lager-Räume

Montag, 20. Juni

Was für ein verrücktes Wochenende! Erst meine Odyssee durch die Kaiserhorst-Katakomben, dann die endlosen Befragungen durch die Polizei, dazu immer wieder neue Pressefritzen auf der Suche nach einer Exklusiv-Story, nach der ultimativen Sensation.

Natürlich habe ich sie alle abblitzen lassen. – Mein persönlicher Beinahe-Absturz als medialer Nervenkitzel? Nein, danke!

Nach meinem monatelangen Schattendasein, in dem jede falsche Bewegung zu einer tödlichen Gefahr werden konnte, auf einmal derart im Rampenlicht zu stehen – das war einfach zu viel für mich. Es war wie bei einem Verschütteten, der nach dem langen Dahinvegetieren in irgendeiner Höhlenfinsternis plötzlich wieder in die Sonne blinzelt.

Ich habe mich gerade noch in meine Dienstmädchenklause schleppen und mich aufs Bett werfen können. Den Sonntag habe ich fast ganz verschlafen. Ich war völlig fertig. Im Rückblick überwiegt aber natürlich das Gefühl der Erleichterung. Endlich ist auch das letzte Geheimnis hinter dieser Tagung aufgedeckt! Endlich kann ich wieder freier atmen!

Im Grunde lag ja auf der Hand, was zu tun war. Der einzige Hotelbereich, den ich noch nicht näher untersucht hatte, war das Seminarzentrum in der "Unterwelt", jener Ort, an dem ich bei meiner ersten Expedition in die Tiefe kehrtgemacht hatte. Diesen Bereich musste ich folglich genauer unter die Lupe nehmen. Und die beste Zeit dafür waren offenbar die frühen Morgenstunden oder der späte Abend, wenn die Tagungsteilnehmer beim Frühstück oder an der Hotelbar saßen.

Beide Zeiten hatten ihre Vor- und Nachteile. Ein Erkundungsgang während des Frühstücks bot den Vorteil, unbemerkt in eines der Hotelzimmer gelangen zu können, von denen aus die geheime Tagungsstätte zu erreichen war. Andererseits hatte ich dann eine zeitliche Begrenzung: Ich musste vor Beginn der Sitzungen zurück sein.

Bei einer abendlichen Erkundung fiel diese Begrenzung weg. Allerdings konnte ich dann bei Betreten und Verlassen der verbotenen Zone leichter ertappt werden, da die Teilnehmer dann auf ihren Zimmern sein konnten.

Nach Abwägung aller Vor- und Nachteile entschied ich mich für letztere Variante. Bei der Menge an Schnaps, mit der die Heimatbündler bei ihren gegrölten Liederabenden ihre Stimmen ölten, war davon auszugehen, dass sie danach in einen komatösen Tiefschlaf fallen würden. Ich hätte mich notfalls also auch noch mitten in der Nacht an ihnen vorbeischleichen können.

So würde ich mir bei meinen unterirdischen Recherchen mehr Zeit lassen können. Und genau das erschien mir gegenüber einer morgendlichen Inspektion als entscheidender Vorteil. Ich hatte das Gefühl, dass es nicht damit getan wäre, mich da unten einfach mal kurz umzuschauen. Und dieses Gefühl war in der Tat nur allzu berechtigt!

Mich zu der Stelle durchzuschlagen, wo ich am Vortag meine Expedition abgebrochen hatte, war nicht schwer. Den Weg kannte ich ja jetzt. Die Schwierigkeiten begannen erst, als ich zu der Kreuzung gelangte, von der Korridore in verschiedene Richtungen abgingen. Wohin sollte ich mich wenden?

Ich tat das Naheliegende und probierte einfach einen Gang nach dem anderen aus. Allerdings war das Licht nach dem Ende des Tagesprogramms zentral ausgeschaltet worden. Es gab nur eine Notbeleuchtung, von der die Flure in ein schummriges Rotlicht getaucht wurden. Dadurch erhielt das Ganze etwas Unwirkliches. Fast hatte ich das Gefühl, mich durch einen Traum zu bewegen.

Meine erste Erkundungsrunde blieb erfolglos. Ich hatte jeden einzelnen Gang bis zum Ende durchquert – aber ohne Ergebnis. Sollte ich mich etwa getäuscht haben? War hier unten doch kein Hinweis auf den Verbleib von Esther, Toni und Elisabeth zu finden?

Ich begann meine Suche noch einmal von vorn. Und jetzt, endlich, wurde ich fündig. Im dritten Gang, den ich durchschritt, stieß ich ganz hinten auf eine unscheinbare Tür, die mir zuvor wegen der spärlichen Beleuchtung nicht aufgefallen war.

Nur mit Mühe konnte ich die Aufschrift auf dem rissigen Lack entziffern. Ich musste mir einen Stuhl aus den Seminarräumen holen und mich darauf stellen, um die Buchstaben zu erkennen. "Zu den Lagerräumen", las ich schließlich. Ein doppeldeutiger Begriff, wie sich noch herausstellen sollte.

Glücklicherweise war die Tür nicht abgeschlossen. Das deutete nicht gerade darauf hin, dass sich dahinter etwas streng Geheimes verbarg. Aber natürlich öffnete ich sie trotzdem – andere Optionen hatte ich ja nicht.

Ein Geruch nach Erde und feuchtem Stein empfing mich. Offenbar war ich in einen ehemaligen Bergwerksstollen geraten. Die Grubenlampen an den Wänden flackerten wie Fackeln, der Gang war so niedrig, dass ich mich nur geduckt vorwärtsbewegen konnte. Hier und da tropfte es von der Decke. Mit einem unregelmäßigen Pling-pling sammelten sich die Tropfen in den Pfützen. Es klang, als würden die Geister der verschütteten Bergleute einander rufen.

Am Ende des Gangs gelangte ich an eine weitere Tür. Anders als die erste Tür war sie mit einem Vorhängeschloss gesichert. Zu meiner Überraschung steckte jedoch der Schlüssel darin. Entweder hatte ihn jemand vergessen, oder es sollte nur der Weg von innen nach außen versperrt werden.

Ich drehte den Schlüssel im Schloss – und wurde unvermittelt wieder in die Gegenwart katapultiert. Der Raum, den ich betrat, sah aus wie eine große Fabrikhalle. Sie war angefüllt mit endlosen Reihen von Tischen, an denen Menschen dicht nebeneinander saßen und auf ihre Monitore starrten. Mit ihren Headsets sahen sie aus wie Mitarbeiter eines Callcenters.

Seltsam war nur, dass nirgends das Klappern flinker Finger auf der Tastatur, Handygepiepse oder ein bruchstückhaftes Kundengespräch zu hören waren. Es war ganz still. Nur die Klimaanlage gab ein leises Surren von sich. Dazu lag ein süßlicher Geruch in der Luft, den ich nicht recht einordnen konnte.

Langsam ging ich durch die Reihen. Niemand beachtete mich. Alle waren ganz versunken in das Geschehen auf den Bildschirmen. Da das Licht in der Halle heruntergedimmt war, tanzte der blaue Schein der Monitore unablässig auf den Gesichtern der Anwesenden. Noch nie war mir eine derart ungeteilte Aufmerksamkeit – zumal von so vielen Menschen gleichzeitig – begegnet. Was war es nur, dass sie so in ihren Bann zog?

Gerade wollte ich mich hinter eines der an den Monitoren klebenden Gesichter stehlen und mir selbst ein Bild von dem dort Gezeigten machen. Da aber fiel mein Blick auf eine Person, die an einem Tisch schräg vor mir saß. Täuschte ich mich, oder war das da vorne wirklich …? Rasch ging ich einen Schritt vor und trat an den Tisch heran. Kein Zweifel: Es war Toni!

8. Einflüsterungen

Mittwoch, 22. Juni

Soll ich überhaupt noch aufschreiben, wie alles ausgegangen ist? Was drängt mich eigentlich dazu, jetzt, nachdem alles ein gutes Ende gefunden hat? Oder misstraue ich meinem eigenen Eindruck? Möchte ich mich schreibend vergewissern, dass nun alles vorbei ist?

Vielleicht ist es aber auch eher der Wunsch, die Dinge "loszuwerden", sie wie durch einen Voodoo-Zauber in mein Tagebuch einzuschließen, was mich zum Schreiben drängt. Das Wiedersehen mit Toni in dieser großen, seelenlosen Halle hatte ja auch wirklich etwas Alptraumhaftes. Dieser leere, unbeteiligte Blick, mit dem er mich angesehen hat …

Und dann dieses unangenehm blecherne Hallen meiner Worte in dem großen Saal: "Toni-ni-ni … Habe ich dich-dich endlich gefunden-den-den …"

Wie um das Unbehagen, das in mir aufstieg, im Keim zu ersticken, war ich hinter seinen Stuhl getreten, um ihn zu umarmen.

Toni hatte sich nach einem kurzen Blick auf mich sofort wieder dem Monitor zugewandt. "Ah, Carlo", sagte er mechanisch, ohne jedes Anzeichen von Verwunderung über meine Dienstmädchenkleidung. "Schön, dich zu sehen, ich hoffe, es geht dir gut."

Es war Toni, er hatte mich offensichtlich erkannt, er redete mit mir, seine Worte klangen freundlich – und doch hatte ich den Eindruck, gar nicht mit Toni zu reden, sondern nur mit einer Maske, die so aussah wie er, mit einem Roboter, der seine Züge trug.

"Los, Toni!", bedrängte ich ihn. "Lass uns abhauen! Die Türen sind geöffnet, es ist gerade niemand da, keiner wird unser Verschwinden bemerken!"

Aber Toni beachtete mich nicht mehr. Unbeirrbar starrte er weiter auf seinen Bildschirm.

Was war hier nur los? Tief beunruhigt sah ich mich in der Halle um. Ob wohl Esther und Elisabeth ebenfalls unter diesen zombiehaften Wesen waren? Mit raschen Schritten lief ich durch die Reihen, hektisch wanderten meine Blicke von einer Person zur anderen. Und tatsächlich: Ganz vorne, in der zweiten Reihe, saß Esther.

Dieses Mal trat ich gleich von der Seite an den Tisch heran und umarmte die lange Vermisste. "Esther, Schätzchen! Ein Glück, dass ich dich endlich gefunden habe! Ich bin ja so froh, dass wir …"

Aber die Reaktion war nicht anders als bei Toni. Auch Esther schaute weiter unverwandt auf den Bildschirm, auch sie nahm meine ungewohnte Aufmachung als selbstverständlich hin und erstickte meinen Überschwang in derselben Apathie: "Hallo, Carlo, lange nicht gesehen, schönes Wetter heute, nicht?"

Erschrocken zuckte ich zurück. Es war, als würde ich gar nicht mit Esther sprechen, als wäre das nur ihre leblose Hülle, ein Esther-Kostüm, aus dem jemand alles Blut, alle Gefühle, all das, was Esther ausmachte, abgelassen hatte.

Ich begriff, dass es keinen Sinn hatte, weiter auf sie einzureden. Irgendetwas war mit ihr geschehen, irgendjemand musste sie so manipuliert haben, dass sie nicht anders konnte, als derart abgestumpft zu reagieren.

Ich war mir sicher, dass ich irgendwo in dieser Halle auch Elisabeth finden würde. Aber warum hätte ich nach ihr suchen sollen? Es war kaum anzunehmen, dass sie eine andere Reaktion zeigen würde als Toni und Esther.

Ich atmete tief durch. Nur jetzt nicht den Kopf verlieren, sagte ich mir. Damit wäre niemandem gedient! So ruhig es ging, tastete ich mit den Augen den Raum ab. Ich war fest entschlossen, den Bann zu brechen, der sich über diese Bildschirmgefangenen gelegt hatte.

Ganz hinten, am anderen Ende des Raumes, entdeckte ich einen freien Platz. Zielstrebig schritt ich darauf zu und fuhr den Computer hoch. Wenn ich herausfinden wollte, was mit den Menschen hier geschehen war, hatte ich keine andere Wahl: Ich musste die Wirkung des Computerprogramms an mir selbst ausprobieren, auch auf die Gefahr hin, ihm selbst zum Opfer zu fallen. Immerhin nahm ich mir fest vor, den Computer umgehend auszuschalten, sobald ich irgendwelche Veränderungen an mir feststellen sollte.

Ich machte alles wie die anderen: Ich setzte das Headset auf und starrte auf den Bildschirm. Meditative Klänge glitten in meine Ohren, auf dem Monitor zogen Bilder lachender Kinder, schöner Bergpanoramen, herumtollender Pferde und sich freudig umarmender Menschen an mir vorüber. Nicht lange, und alle Spannung fiel von mir ab. Es war ein Gefühl wie nach einem langen, schweren Arbeitstag, wenn man daheim in seinem Kuschelsessel versinkt.

Rasch drehte ich den Kopf vom Monitor weg und zog das Headset aus. Für ein paar Sekunden hielt ich inne, schloss die Augen und horchte in mich hinein.

Gut, ich war entspannt. Aber doch nicht so ruhiggestellt, dass ich für keine anderen als die vom Computer ausgesandten Reize mehr empfänglich gewesen wäre. Hatte ich mich dem Programm also einfach nicht lange genug ausgesetzt? Oder entfaltete dieses seine ganze Wirkung erst in Verbindung mit etwas anderem, das ich nicht kannte?

Ich beschloss, einen zweiten Versuch zu unternehmen. Ich setzte das Headset wieder auf und blickte erneut auf den Bildschirm. Vielleicht war es ja gerade ein

Fehler gewesen, mich ganz in die Bild- und Klangwelten hineinziehen zu lassen. Vielleicht musste ich einfach genauer hinsehen und hinhören, um hinter das Geheimnis der manipulativen Wirkung zu kommen.

Wirklich fielen mir jetzt, als ich mich zwang, auf jedes noch so kleine Detail zu achten, einige Dinge auf, die mir zuvor entgangen waren. So bemerkte ich etwa, dass in die dahinplätschernden Melodien, mit denen hier alle beschallt wurden, immer wieder irgendwelche Worte hineingeflüstert wurden. Erst konnte ich sie nicht genau verstehen. Nachdem ich jedoch einmal auf sie aufmerksam geworden war, gelang es mir, sie beim zweiten oder dritten Hören zu entschlüsseln – es wurden nämlich immer wieder dieselben Wortfolgen eingespielt.

In einem Fall raunte etwa eine Stimme: "Führer unser, der du uns behütest …" Dann wieder war ein unbestimmbarer Gesang zu hören, der sich unmerklich mit der Musik verband: "Heimat, Heimat über alles …" Und schließlich, in der Art eines entfernten Rauschens, die geflüsterten Worte: "Dienen … Du musst deinem Volk dienen …"

Bei dem Bilderreigen auf dem Monitor war es ähnlich. Auch hier wurden immer wieder für Sekundenbruchteile einzelne Bilder eingeblendet, die bei flüchtigem Hinsehen kaum zu bemerken waren. Mal jubelte eine unüberschaubare Menge einem Führer zu, mal schritten Menschen in Reih und Glied einem Sonnenaufgang entgegen oder schufteten mit lachenden Gesichtern in einer lichtdurchfluteten Fabrik.

Offenbar wurde hier also gezielt mit suggestiven Verfahren gearbeitet. Dadurch, dass sich die angenehmen Reize mit den unterhalb der Wahrnehmungsschwelle aufblitzenden Propagandaschnipseln verbanden, sollten auch die mit Letzteren verknüpften Inhalte positiv empfunden werden. Dies aber erklärte noch immer nicht, warum sich alle so bereitwillig in diese Art der Gehirnwäsche ergaben. Ich konnte mich ihr doch auch ohne weiteres entziehen!

Waren die Entführten – denn um solche handelte es sich offensichtlich – etwa zusätzlich mit Hypnose bearbeitet worden? Gaben die Bildschirme eine bestimmte, direkt auf das Gehirn wirkende Strahlung ab, die ihre volle Wirkung erst nach einer längeren Zeit entfaltete? Aber warum war dann hier niemand an seinen Stuhl gekettet? Wieso kamen die Gefangenen augenscheinlich noch nicht einmal auf die Idee, einen Fluchtversuch zu unternehmen?

Ein durchdringender Summton aus dem Headset unterbrach meine Überlegungen. Ich schaute auf: Es war, als hätte eine Gruppe von Marionettenspielern gleichzeitig sämtliche Figuren aus den Händen fallen lassen. Die Gesichter wandten sich von den Bildschirmen ab, die Rückenlehnen wurden in die Ruhelage gebracht, die Armlehnen hochgeklappt. Nicht lange, und eine gleichmäßige Atemwelle breitete sich im Raum aus.

Offenbar wurde also auch der Schlaf- und Wachrhythmus automatisch reguliert.

Die Computer gingen ebenfalls in den Ruhezustand über, das Licht wurde bis auf eine Notbeleuchtung heruntergedimmt. Nur das Gedudel aus dem Headset schien auch während der Schlafenszeit nicht aufzuhören. Anscheinend setzte man darauf, dass die Flüsterpropaganda nachts, wenn die Bewusstseinsschranke ausgeschaltet war, die Gehirne noch effektiver infiltrieren konnte.

Was für eine perfide geistige Verseuchung! Und ich saß daneben und konnte nichts dagegen tun! Es sei denn … Ja, tatsächlich: Eine Möglichkeit, dem Ganzen Einhalt zu gebieten, gab es vielleicht doch!

Ich stand auf und schritt noch einmal die Tischreihen ab. Irgendwo musste es hier doch … Vielleicht da vorne, in der kleinen Wandnische? Ja, richtig, das war es, was ich gesucht hatte: Genau dort, hinter einer Ausbuchtung in der Wand, befand sich der Stromkasten. Die Organisatoren dieser Gehirnwäsche hatten sich noch nicht einmal die Mühe gemacht, ihn abzusperren. Sie schienen sich ihrer Sache ganz sicher zu sein.

So hatte ich keine Probleme, mein Vorhaben auszuführen. Ich drehte einfach den kompletten Strom ab. Vielleicht konnte ich so ja wenigstens die erneute Bombardierung der Gehirne mit den ganzen Propagandapfeilen verhindern und ihnen dadurch die Macht über sich selbst zurückgeben.

Ich blickte mich um: Die Notbeleuchtung war noch an. Sollte der Strom etwa doch auf andere Weise kontrolliert werden? Als ich dann aber zu meinem Tisch zurückging und das Headset noch einmal aufsetzte, war alles still. Offenbar wurde also nur die Beleuchtung von woanders reguliert. Mein Plan war aufgegangen.

Für den Moment konnte ich an diesem Ort nun nichts mehr ausrichten. Um zu beurteilen, ob die Kappung des Stroms tatsächlich die erhoffte Wirkung entfalten würde, musste ich bis zum nächsten Morgen warten. Also machte ich mich auf den Rückweg.

Ich ging zur Tür und betrat wieder den ehemaligen Bergwerksstollen. Gerade noch rechtzeitig dachte ich daran, das Vorhängeschloss wieder anzubringen und den Schlüssel umzudrehen. Es sollte ja niemand merken, dass ich hier gewesen war!

9. Ein Alptraum

Donnerstag, 23. Juni

Ein schrecklicher Alptraum: Ich liege in meiner Dienstmädchenkleidung auf dem Bett, da steht auf einmal Leppin vor mir. Er mimt den Lässigen, auch wenn das überhaupt nicht zu der steifen Ausstrahlung seines Sonntagsjacketts passt.

"Magst ein Zückerli, Baby?" lockt er mich.

Ich weiß nicht, wie ich reagieren soll, und zögere einen Moment zu lang. Da hat Leppin auch schon eine Art Keksbüchse geöffnet und hält sie mir unter die Nase. Ein weißer Puder entströmt ihr, der mich augenblicklich meiner Sinne beraubt. Die Welt verschwindet hinter einem wächsernen Nebel, Leppin packt mich am Arm, gleich wird er mich vollends aus der Welt schleudern …

Zum Glück befinde ich mich seit gestern wieder in meiner gewohnten Umgebung, es gibt wieder einen warmen Körper neben mir, an den ich mich anschmiegen kann, um den kalten Hauch solcher Alpträume zu vertreiben. Trotzdem frage ich mich, wie lange mich die ganzen düsteren Ereignisse wohl noch in den Schlaf verfolgen werden.

Vielleicht sollte ich das Ganze eher zu einem Bilderzyklus verarbeiten, anstatt es einfach nur aufzuschreiben. Aber irgendetwas in mir sperrt sich dagegen. Ich bräuchte irgendeinen Kniff, der es mir erlauben würde, das Geschehen nicht einfach nur abzubilden, sondern es künstlerisch zu gestalten, es zu verfremden und eben dadurch in seinem Wesen greifbar zu machen. Dazu bräuchte ich jedoch etwas, wovon ich momentan noch weit entfernt bin: eine größere Distanz zu den Ereignissen.

Aber womöglich war der Alptraum ja schon der erste Schritt zur künstlerischen Auseinandersetzung mit dem Geschehen. Zu dem Weg heraus aus jener Nacht, in der ich offenbar noch immer gefangen bin. Aus der Nacht all dieser Leppine und ihrer dunklen Umtriebe, aber auch ganz konkret aus jener Nacht, in der ich tatsächlich beinahe aus der Welt gestürzt wäre.

Nachdem ich die Tür zu dem Lagerraum mit den Gefangenen wieder hinter mir geschlossen hatte, hatte ich den stollenartigen Gang zu den gläsernen Seminarräumen durchquert. Auch diese lagen, noch immer in das rote Zwielicht der Notbeleuchtung getaucht, in tiefem Schlaf. Nichts war zu hören. Rasch eilte ich durch die leeren Flure und bewegte mich auf den unterirdischen Festsaal zu.

Als ich die Tür zum Saal öffnen wollte, schwang diese jedoch von selbst vor mir auf. Ich zuckte zusammen. Einen Augenblick später stand ich zwei Männern gegenüber, von denen einer mich sogleich rüde am Arm packte.

"Siehst du!" triumphierte er, zu seinem Kollegen gewandt. "Ich hab' dir doch gesagt, dass da unten jemand herumspioniert."

"Warte mal ...", überlegte der andere, während er mir unverwandt ins Gesicht starrte. "Die Tussi kommt mir irgendwie bekannt vor ..."

Er ging auf mich zu und hielt mir die Taschenlampe ins Gesicht. Dann lachte er höhnisch auf. "Ob du's glaubst oder nicht: Das ist der Typ aus der Jagdhütte ... Mister Supermann, der uns damals die Polizei auf den Hals hetzen wollte! Ich hab' mir doch gleich gedacht, dass das 'ne Schwuchtel ist – so hysterisch, wie der sich aufgeführt hat."

Ich blickte dem Mann ebenfalls ins Gesicht. Und jetzt, nach diesen Worten, erkannte auch ich, wer da vor mir stand: Es war der Anführer der Bande, die damals in der Jagdhütte den dunkelhäutigen Mann gefoltert hatte!

"Das wird den Chef sicher interessieren", meinte er, indem er ein Funkgerät aus seiner Brusttasche nestelte. "Schau du doch mal im Lager nach, ob da alles in Ordnung ist!" forderte er seinen Kollegen auf.

Kommentarlos führte dieser den Befehl aus, nachdem er die Greifzange seiner Hand um meinen Oberarm gelöst und mich dem Wortführer übergeben hatte. Dieser hatte unterdessen sein Funkgerät aktiviert.

"Chef?" bellte er in das Gerät. "Du glaubst nicht, wen wir hier unten aufgegriffen haben: den Kerl, der damals in die Jagdhütte reingeplatzt ist – als Dienstmädchen verkleidet! – Ja, kein Zweifel! – Alles klar, wir sind gleich da."

Ein paar endlose Augenblicke war ich im Halbdunkel mit dem Mann allein. Ich spürte seinen Atem in meinem Nacken, die bedrohliche Hitze seiner Hände. Er sprach kein Wort mit mir, und auch ich war viel zu erschrocken, um ein Wort herauszubringen.

"Na, alles paletti?" fragte er seinen Kollegen, als der aus den "Lagerräumen" zurückkam.

"Ja – still ruht der See", entgegnete dieser. "Die pennen alle vor sich hin."

Ob er wohl den Stromkasten kontrolliert hatte? Wahrscheinlich nicht … Da nachts ja sowieso alles im Sparmodus lief, war bei einem flüchtigen Blick gar nicht zu bemerken, dass der Strom ausgeschaltet war. Hoffentlich lag ich mit meiner Einschätzung richtig!

Die Männer zerrten mich quer durch den Saal und traten dann mit mir in das nach oben führende Treppenhaus. Wir stiegen jedoch nicht zum Hotel hinauf, sondern bogen auf halber Höhe nach links ab.

Diesen Bereich hatte ich bei meinen Erkundungen ausgespart, weil er mir nicht interessant erschienen war. Ich hatte angenommen, dass sich dort nur ein weiterer Zugang zum unterirdischen Festsaal befände.

Dies erwies sich jedoch als Irrtum: Am Ende des Gangs stießen wir auf eine halb geöffnete Tür, hinter der ein Überwachungsraum eingerichtet war. Dort erwartete uns bereits der "Chef", dem einer meiner reizenden Begleiter per Funk unser Kommen angekündigt hatte. Es war niemand anderes als Leppin.

"Na?" fragte der Mann, dessen Handschellenfinger mich umklammerten. "Ist er das oder ist er das nicht?"

Leppin musterte mich mit einem abschätzigen Blick. "Ja, ich denke schon … Du scheinst tatsächlich ins Schwarze getroffen zu haben. Er wirkt zwar fremd in den Frauenklamotten, aber wenn man genauer hinschaut … Doch, das ist er. Dieser Querulant hat sich tatsächlich hier eingeschlichen!"

"Ich hab' dir damals ja gleich gesagt, wir sollten ihn mit dem schwarzen Drecksack zusammen verschwinden lassen", meinte der Mann an meiner Seite. Sein Kollege brach unterdessen zu einem weiteren Kontrollgang auf – für den Fall, dass es außer mir noch weitere unbefugte Eindringlinge geben sollte.

"Begreifst du das immer noch nicht, Heiner?" fuhr Leppin meinen Bewacher an. "Einen Illegalen kannst du problemlos irgendwo entsorgen: Verbrenn ihn, wirf ihn ins Meer zu den anderen, verfüttere ihn an die Schweine – ganz egal. Nach so einem fragt eh keiner! Aber jemand, der bei uns lebt und arbeitet, der Freunde und Verwandte hat, die nach ihm suchen? Wenn du den verschwinden lässt, gibt es Nachforschungen. Da wird genauer hingeschaut – und das wollte ich eben unbedingt vermeiden. Deshalb habe ich dich ja sogar die Hütte in Brand stecken lassen. Und bei dem allen haben wir noch ein Mordsglück gehabt, dass an dem Tag unser Uwe auf dem Revier war. Wenn ein anderer Polizist Dienst gehabt hätte, wäre das Ganze sicher nicht so glimpflich ausgegangen."

"Mit der Psychiatrie hast du dich aber verrechnet", wagte Heiner anzumerken. "Von wegen Ruhigstellen und so – das hat ja wohl nicht so richtig funktioniert!"

"Stimmt", musste Leppin zugeben. "Aber selbst danach wäre noch alles glattgegangen, wenn diese Dorfdeppen sich nicht so dämlich angestellt hätten! Wie kann man denn jemanden entwischen lassen, der in einer einsamen Berghütte gefangen ist!"

"Den Tipp hättest du ihnen aber auch schon früher geben können", krittelte Heiner weiter. "Du hättest nur die Aufzeichnungen der Videokamera an deinem Bürocomputer regelmäßiger durchsehen müssen. Ich hatte dir ja angeboten, das für dich zu übernehmen, aber …"

"Diese Diskussionen bringen uns jetzt auch nicht weiter", unterbrach Leppin ihn genervt. "Wer rechnet denn damit, dass der auch noch seine Freundin bei mir im Büro einschleust! Ich bin ja fast umgefallen, als ich die Aufzeichnungen gesehen habe. Da marschiert die einfach seelenruhig an meinen Computer und stöbert in meinen Sachen herum!"

"Immerhin sind wir dadurch auf die Spur des Meisterspions hier gekommen", merkte Heiner stolz an. "Mit den Briefen aus der Wohnung seiner Freundin war es ja ein Kinderspiel, ihn zu orten!"

"Ja", ärgerte sich Leppin, "und dann bringen diese Dörfler es fertig, das Ganze zu vergeigen!"

Mit mir redete noch immer niemand. Ich war für die beiden nur ein Gespenst, ein unbedeutendes Etwas, das ihre Beachtung nicht verdiente. Entsprechend unwohl fühlte ich mich in meiner Haut. Noch beunruhigender fand ich allerdings die Offenheit, mit der die Männer vor mir über ihre dunklen Machenschaften sprachen – Machenschaften, bei denen die Ermordung missliebiger Zeitgenossen nur eine Fußnote zu sein schien. Das ließ nicht gerade darauf schließen, dass noch eine lange Zukunft vor mir lag.

"Und jetzt?" fragte Heiner schließlich. "Mit dem, was der Schnüffler weiß, können wir ihn doch unmöglich laufen lassen!"

"Natürlich nicht", pflichtete Leppin ihm bei. "Jetzt bleibt nur noch die harte Tour! Und dafür befinden uns hier auch genau am richtigen Ort – in den Bergen sind Unfälle etwas ganz Alltägliches."

Er warf mir einen höhnischen Blick zu. "Und unser Mägdelein hier ist ja nun auf der Flucht, da passiert es ganz leicht, dass man in unwegsames Gelände gerät und abstürzt."

Heiner grinste: "Verstehe … Soll ich mich gleich darum kümmern?"

"Jetzt? Im Dunkeln? Willst du den Herrn Meisterspion etwa in die ewigen Jagdgründe begleiten?" spottete Leppin. "Nein, wir geben ihm noch eine Nacht zum Grübeln. Er soll sich ruhig noch ein wenig das Hirn zermartern, ehe wir ihn vor seinen Schöpfer treten lassen."

"Oder zum Teufel jagen", lachte Heiner.

Die Tür ging auf, und Leppins anderer Lakai schaute herein.

"Und?" fragte Heiner.

"Da unten ist niemand mehr", erstattete der andere Meldung. "Der Typ hat das wohl wirklich allein durchgezogen."

"Gut", meinte Leppin. "Dann können wir unseren James Bond im Dienstmädchenkostüm ja jetzt seinem Schicksal überlassen."

Heiner band mich an einem Stuhl fest, dann zog das Trio ab. Sie schlossen zwar die Tür ab, hielten es aber offenbar nicht für nötig, mich zu knebeln. Was ja auch nachvollziehbar war: Weshalb hätte ich hier um Hilfe rufen sollen? Es hätte mich ja doch keiner gehört.

10. Am Abgrund

Freitag, 24. Juni

Ist der Spuk jetzt vorbei? Oder war das nur das Ende eines Aktes in einem Drama, bei dem niemand weiß, wie viele weitere Akte noch folgen werden?

Mein Gefühl sagt mir: Es ist alles gut. Entspann dich! Aber mein Verstand mahnt: Leppin und Hartmut und all die anderen Führerlein mögen zwar hier auf dieser Tagung das große Wort geschwungen haben. Im Weltmaßstab aber sind sie eher unbedeutende Provinzfürsten.

Das, was an diesem Ort stattgefunden hat, war ja keineswegs ein Weltkongress. Es hat sich dabei lediglich um ein Sektionstreffen des Internationalen Heimatverbandes gehandelt. Dies aber bedeutet: Es gibt noch unzählige weitere, ungleich mächtigere Repräsentanten dieses dubiosen Netzwerks, die überall auf der Welt, auch in dieser Minute, die Ereignisse in ihrem Sinne zu beeinflussen versuchen. Vor ihnen werde ich mich – nach allem, was hier passiert ist – in Zukunft noch mehr in Acht nehmen müssen als bisher.

Leider sind die Zeiten, in denen man mit einer einzigen gewonnenen Schlacht die Dinge zu seinen Gunsten entscheiden konnte, wohl vorbei. Der Krieg ist kein singuläres Ereignis mehr, er wird nicht mehr feierlich erklärt, und diejenigen, die ihn führen, geben sich nicht mehr offen als Kriegspartei zu erkennen. Sie operieren im Verborgenen, unter Tarnkappen, unsichtbar, unhörbar, unfassbar. Der Geheimdienst hat die oberste Kommandoebene übernommen. Niemand weiß, wie viele Gegner es sind, keiner weiß, wo sie sind und was sie in diesem Moment planen.

Hinzu kommt, dass Leppin, Bergbauernführer Hartmut und ihre Helfershelfer ja einstweilen nur wegen Entführung dranzukriegen sind. Natürlich handelt es sich in diesem Fall um eine besonders schwere Form von Freiheitsberaubung, bei der zudem auch unmittelbar physische Gewalt angewandt worden ist. Aber wenn – wie zu erwarten – einer die Schuld dafür auf den andern schiebt und die Anwalts- und Rechtsverdreherriege, die diese Leute üblicherweise beschäftigen, das Gericht mit ihren Winkelzügen einwickelt, müssen vielleicht noch nicht einmal alle ins Gefängnis gehen. Und ihnen ein Geständnis dazu abzuringen, was sie mit dem armen Mann in der Jagdhütte angestellt haben, wird erst recht unmöglich sein.

Ich mag gar nicht daran denken, wie viele Verbrechen auf diese Weise im Verborgenen bleiben!

Immerhin: Einen Etappensieg habe ich zweifellos errungen. Und ich muss zugeben: Ich empfinde eine gewisse Genugtuung darüber, dass ich mich nicht habe einschüchtern lassen von all diesen Popanzen. Am Ende zahlt es sich eben doch aus, hartnäckig zu sein und an die eigenen Kräfte zu glauben.

Momentan befinde ich mich allerdings noch immer in einem Zustand, in dem Traum und Wachen, Vergangenheit und Gegenwart, reale und irreale Alpträume fortwährend ineinander verschwimmen.

Sobald ich meine Augen schließe, fühle ich mich noch immer wie in jener Nacht, in der ich gefesselt in dem Überwachungsraum saß und von den in mir aufsteigenden Bildern bedrängt wurde.

Natürlich hatte ich zunächst den Raum mit den Augen abgesucht, in der verzweifelten Hoffnung, vielleicht doch irgendwo etwas zu finden, womit ich mich hätte befreien können. Aber selbst wenn ich etwas entdeckt hätte, das mir hätte weiterhelfen können: Wie hätte ich es erreichen sollen? Ich war ja viel zu fest gefesselt!

So würde dies nun also die Umgebung sein, in der ich meine letzten Stunden verbringen sollte: ein abgedunkelter Raum unter der Erde, mit zwei Bildschirmen, auf denen Szenen eines zum Stillstand gekommenen Lebens zu sehen waren. Vielleicht genau der richtige Übergangsraum, dachte ich bitter, eine Art Schleuse auf dem Weg in die Welt der endgültigen Finsternis.

Die Monitore waren jeweils zweigeteilt. Der eine zeigte zwei Abschnitte des Treppenhauses, der andere den Saal aus zwei unterschiedlichen Perspektiven: Einmal war die Kamera auf Bühne und Rednerpult gerichtet, einmal auf die Reihen der Zuhörer. Beide Bereiche wurden aber wohl angesichts des gut versteckten Eingangs in die Unterwelt nur stichprobenartig kontrolliert.

Die Überwachung des Festsaals wäre im Grunde auch komplett entbehrlich gewesen, da man dorthin ja nur über das bereits videoüberwachte Treppenhaus gelangen konnte. Aber vielleicht ging es hier ja auch eher um eine interne Kontrolle der Tagungsteilnehmer.

Natürlich setzte ich alles daran, meine letzten Stunden nicht zu verschlafen. So viel ich aber auch gegen den Schlaf ankämpfte – ich konnte doch nicht verhindern, dass mir in der reizarmen Umgebung von Zeit zu Zeit die Augen zufielen.

Immer wieder stürzte ich in Traumwelten, die mich weit in die Vergangenheit zurückwarfen. Mein Vater breitete seine Arme aus, um den kleinen Jungen, der ich einmal war, aufzufangen und im Kreis herumzuwirbeln. Janina, meine erste Liebe, lächelte mir zu, ich vergrub meine Augen wieder in ihren schwarzen Haaren, die so lange in der Schulbank vor mir geknistert hatten. Und ich sah noch einmal ihren fragenden Blick vor mir, diese sehnsüchtige Zurückweisung, als ich sie nach einem gemeinsamen Kinobesuch auf den Mund geküsst hatte.

Dann wieder war es ganz still, ich glitt auf einer Luftmatratze über einen leise plätschernden See, das Leben ruhte in sich selbst – wenn da nicht diese unangenehme Gewissheit gewesen wäre, dass sich unter mir etwas bewegt, etwas, das ich nicht kenne, etwas, das mir unaufhaltsam entgegenwuchert und mich in die Tiefe reißen wird, sobald es mich erreicht hat.

Die ineinanderfließenden Traumwelten führten in dem kleinen Raum, in dem es weder Tageslicht noch eine Uhr gab, dazu, dass ich schon bald jedes Zeitgefühl verlor. Deshalb kann ich auch nicht sagen, ob es noch Nacht oder schon früher Morgen war, als ich plötzlich das Geräusch näher kommender Schritte hörte.

Das war's also, dachte ich. Jetzt kommt einer von Leppins Lakaien, um mich zu meiner ganz privaten Hinrichtungsstätte zu führen. Bilder steiler Abhänge und herabstürzender Steine fluteten mein Gehirn, ich sah mich fallen, der Boden kam immer näher ...

Ich kniff meine Augen zusammen, um die Bilder zu verdrängen. Da hörte ich plötzlich eine Stimme, die mir nur allzu bekannt vorkam. "Carlo!" rief sie. "Hallo, Carlo! Bist du hier irgendwo? Hallooo!"

War ich schon wieder in einen Traum hinübergeglitten? Oder war das wirklich Esthers Stimme, die ich da hörte?

"Hier bin ich!" rief ich mit aller Kraft, wie um mir die Wirklichkeit dessen zu bestätigen, was ich wahrzunehmen hoffte. "Hier hinten, am Ende des Gangs!"

Die Antwort kam prompt: "Warte – ich komme!"

Nein, das konnte keine Einbildung sein! Es war wirklich Esther, das war eindeutig ihre Stimme. Sie lief irgendwo da draußen auf der Treppe herum und suchte nach mir.

"Hier bin ich!" rief ich noch einmal. "Im Überwachungsraum!"

Die Schritte kamen näher, dann, kurz darauf, ein leises Stimmchen an der Tür: "Carlo? Bist du da drin?"

"Ja", wisperte ich zurück, "genau hinter der Tür."

Ein Stoßseufzer war die Antwort: "Gott sei Dank! Dann war es also doch kein Traum!"

Kein Traum? Was sollte das heißen? Ich war es doch, der den Eindruck gehabt hatte, Esthers Stimme nur im Traum zu hören! Woher konnte sie wissen, was ich geträumt hatte?

"Was soll das heißen – kein Traum?" fragte ich verwirrt.

"Später!" vertröstete mich Esther. "Fürs Erste müssen wir die Tür hier aufbekommen. – Weißt du zufällig, wo der Schlüssel ist?"

"Leider nein", bedauerte ich. "Den haben die Kerle mitgenommen, die mich hier eingesperrt haben, und ich kann nicht sagen, wohin ..."

"Psst!" ermahnte mich Esther. "Da kommt jemand!"

Tatsächlich, jetzt hörte ich es auch: das Geräusch von Schritten auf der Treppe, die entschlossen nach unten galoppierten.

Esther entfernte sich wieder von der Tür. Ich hörte, wie sie sich in Richtung Treppenhaus schlich. Und dann: Schreie, Flüche, ein Gepolter wie von einem Handgemenge. Gleich danach: Stille, gefolgt von dem erneuten Geräusch näher kommender Schritte. Ein Schlüssel wurde ins Schloss gesteckt, herumgedreht, jemand drückte die Klinke herunter …

11. Die Reggae-Party

Samstag, 25. Juni

Diese ewigen Müdigkeitsattacken, die mich davon abhalten, meinen Bericht über die Ereignisse auf Kaiserhorst zu beenden! Ich fühle mich noch immer wie nach einer langen, beschwerlichen Reise, einer Floßfahrt ins Nirgendwo, einer Wanderung durch den Irrgarten eines unwegsamen Geländes …

Heute mache ich aber endlich einen Knoten unter das Ganze! Das verspreche ich mir selbst hoch und heilig. Schließlich möchte ich mich auch innerlich ganz frei fühlen, wenn ich morgen endlich wieder eine Radtour mit Esther unternehme.

Sie hat ja Recht: Draußen herrscht schon seit Tagen das schönste Wetter, und ich sitze noch immer in dieser stickigen Wohnung und arbeite mich an meinen Erinnerungen ab. Es ist wirklich Zeit, endlich wieder die Schönheit des Lebens zu feiern. Ansonsten behalten am Ende doch all diese fiesen Finsterlinge die Oberhand – weil es ihnen auch aus der Ferne noch gelingt, die Gedanken und Gefühle ihrer Opfer zu beherrschen.

Mit der letzten Etappe meiner langen Irrfahrt verlasse ich aber ohnehin wieder die Nacht, die mich so lange umfangen hatte. Der Moment, in dem ich nicht wusste, wer nach dem Kampf vor der Tür in den

Überwachungsraum treten würde, war sozusagen die letzte Schrecksekunde in dem Drama: Würde ich von Esther befreit oder von einem von Leppins Schergen aufs Schafott geführt werden?

Gebannt starrte ich auf die Tür – und atmete voller Erleichterung auf. Es war Esther!

"Carlo?" rief sie fragend. "Dann warst das wirklich du letzte Nacht in dieser komischen Verkleidung?" Sie fiel mir um den Hals, dann löste sie die Fesseln um meine Hände. "Komm!" drängte sie mich. "Wir müssen das Paket da draußen hier reinziehen!"

Mit "Paket" war Heiner gemeint. Esther hatte ihn mit ihrer "Waffe" – einem WC-Reiniger, den sie sicherheitshalber eingesteckt hatte – und einem gezielten Tritt an eine bestimmte, besonders empfindliche Stelle außer Gefecht gesetzt und ihm den Schlüssel abgenommen. Jammernd lag er an der Schwelle zur Treppe.

Wir verschnürten das lebende Paket mit dem Strick, mit dem ich an den Stuhl gefesselt gewesen war, und verfrachteten es dann in den Überwachungsraum. Dort krönte ich unser Werk mit einem Streifen von dem Isolierband, das wir auf einem Regal in der Ecke entdeckt hatten.

Unwillig zuckte Heiner mit dem Kopf, als ich ihm den Mund zuklebte. "Du Dreckskerl!" drohte er mir. "Dir werd' ich's noch zeigen!"

Aber alles Lamentieren und Zappeln half ihm nicht. Nach wenigen Augenblicken war sein Mund fest verschlossen. Einen kleinen Kommentar konnte ich mir dann doch nicht verkneifen: "Tut mir leid, mein Guter! Aber da kommt sowieso nichts Vernünftiges raus."

Lachend sah Esther mir zu, nachdem sie die Tür von innen verriegelt hatte. Jetzt konnten wir uns endlich richtig umarmen. Wir drückten uns fest aneinander und versanken in einem Augenblick außerhalb der Zeit, weit entfernt von diesem hinterhältigen, ewig misstrauischen Überwachungsraum.

Natürlich schwirrten uns beiden unzählige Fragen im Kopf herum. Esther wollte wissen, wie ich zu dieser dämlichen Dienstmädchenkleidung gekommen sei, mich drängte es danach, Näheres über ihre Entführung zu erfahren. Was ich aber als Erstes wissen wollte: "Deine Worte von eben: 'Gott sei Dank – dann war es doch kein Traum': Was hast du damit gemeint?"

Esther setzte sich auf den Stuhl neben mir und lehnte sich an meine Schulter. "Ach, das war wegen der Gehirnwäsche hier. Da nimmst du alles wie durch einen dichten Nebel wahr. Du weißt nie, ob du dir die Dinge nur einbildest oder ob das, was du erlebst, Wirklichkeit ist. Deshalb habe ich heute Morgen auch erst gedacht, ich hätte nur geträumt, dass du bei mir warst."

"Dann hast du also doch bemerkt, dass ich in der Halle war?" fragte ich.

Esther seufzte. "Bemerkt und auch wieder nicht bemerkt – es war so ein Zustand zwischen Traum und Wachen, weißt du?"

Ich strich ihr über das Haar. "Ist ja auch kein Wunder – bei der Dauerberieselung, der ihr da ausgesetzt wart!"

"Das war gar nicht das Schlimmste", stellte Esther klar. "All die Bilder und Töne, die da in uns hineingeschüttet worden sind, hätten allein nie zu dieser Apathie geführt. Ihre volle Wirkung konnten sie nur in Verbindung mit dem Drogencocktail entfalten, der uns regelmäßig verabreicht worden ist."

Esther hatte sich wieder von meiner Schulter gelöst. Ich sah sie erschrocken an: "Drogencocktail? Du meinst, ihr seid gezielt unter Drogen gesetzt worden?"

Esther nickte. "Ja. Morgens und abends haben sich an der Decke der Halle irgendwelche Ventile geöffnet, und es hat wortwörtlich Drogen geregnet. Ein ganz feiner Sprühregen war das, eine Wolke aus was weiß ich für Substanzen, die einem jeden Willen geraubt haben."

Sie lächelte gequält: "Anfangs ist das noch nicht einmal unangenehm, da fühlst du dich ganz euphorisch, wenn du das Zeug inhalierst, alles ist auf einmal ganz leicht … Aber mit der Zeit stumpfst du dann immer mehr ab, und am Ende fehlt dir sogar die Kraft, aufzustehen und dich den computergenerierten Sirenengesängen zu entziehen. Heute Morgen aber, da muss irgendwie der Strom ausgefallen sein. Die Computer sind nicht angesprungen, und auch der Drogenregen ist ausgeblieben."

Ich schmunzelte: Meine Idee, den Strom auszuschalten, war also ein Volltreffer gewesen! "Und das hat gereicht, um euch aus eurer Lethargie zu reißen?" fragte ich.

Bei dem Wort 'Lethargie' musste Esther unwillkürlich gähnen. "Na ja … Das würde ich jetzt auch wieder nicht behaupten. Um ehrlich zu sein: Ich fühle mich noch immer ganz benommen. Dieses Gefühl, neben mir zu stehen, mich selbst von außen zu sehen – das hört einfach nicht auf."

Sie schmiegte sich wieder an mich. Tröstend strich ich ihr über den Kopf, den Rücken, die Hände, wie in dem Bemühen, all das Böse von ihr abzustreifen, dem sie ausgesetzt gewesen war. "Komm", flüsterte ich dann vorsichtig, "wir sollten jetzt besser abhauen."

Mit einem Ruck richtete Esther sich auf. "Ganz im Gegenteil", sagte sie entschieden. "Wir sollten uns fürs Erste ganz ruhig verhalten und abwarten. In ein paar Minuten steigt in dem Saal da draußen irgendeine Feier. Es hat irgendetwas mit diesen Heimatbündlern zu tun, wenn ich das Faltblatt vor den Seminarräumen richtig verstanden habe. Da sollten wir besser nicht reinplatzen."

"Aber hier sind wir doch auch nicht sicher!" wandte ich ein. "Und außerdem müssen wir dringend was gegen diese Leute unternehmen, die euch entführt haben und …"

Esther legte mir zärtlich einen Finger auf den Mund. "Psst … Nicht aufregen! Alles wird gut. Elisabeth ist schon losgezogen, um die Polizei zu rufen. Und die Presse wird sie auch verständigen! Die Party wird also etwas anders ablaufen, als die Herrschaften sich das vorstellen."

Esther sollte Recht behalten. Nicht lange, und wir hörten das Getrappel von Schritten auf der Treppe. Auf dem Monitor des Überwachungsraums konnten wir verfolgen, wie der unterirdische Festsaal sich allmählich füllte. Hier und da wurden ein paar Worte gewechselt, die meisten warteten jedoch schweigend auf den angekündigten Abschlussvortrag. Eine feierliche Erwartung lag über dem Ganzen.

Schließlich wurde das Licht im Saal heruntergedimmt, und die Bühne erstrahlte in vollem Glanz. Ein leiser Tusch ertönte, dann trat der Redner ans Pult: Bruno Leppin.

Hätte man den Ton abgedreht und die Rede nur nach den Gesichtern der Zuhörer beurteilt, so wäre man wohl zu dem Schluss gekommen, dass hier gerade eine neue Weltformel oder ein Rezept für das ewige Leben vorgestellt wurde. Überall andächtiges Lauschen, zustimmendes Nicken, ein gewichtiges Heben der Augenbrauen.

Keine Frage: Leppin traf den Ton, er griff die Stimmung im Saal auf und potenzierte sie mit seinen Worten. Dies erreichte er allerdings eher durch das Pathos und die Bestimmtheit, mit denen er seine Sätze vorbrachte, als durch deren Inhalt.

De facto bestand seine Rede aus lauter nichtssagenden Worthülsen. Es fiel mir schwer, mich darauf zu konzentrieren, und ich kann mich auch jetzt nur bruchstückhaft daran erinnern. Es waren Worte, die ich schon tausend Mal irgendwo gehört hatte und die sich sogleich ununterscheidbar in dem großen Floskelbrei auflösten, der tagtäglich aus Radio, Fernsehen und Zeitungen quillt.

Oder war das vielleicht sogar Taktik? Bediente Leppin sich ganz bewusst einer politischen Allerweltssprache, damit die Brisanz seiner Absichten nicht auffiel?

"Wichtige Veranstaltung", hörte ich ihn sagen, "Meilenstein unserer Bewegung", "nicht mehr an uns vorbeikommen", "gewichtiges Wort mitzureden", "die neue Ordnung aufbauen", "überall auf der Welt", "Zeit ist reif für", "Taten statt Worte", "gegen die alten Eliten" …

Mitten in einem Zwischenapplaus – so, dass die Zuhörer es zunächst gar nicht bemerkten –, begann plötzlich eine Art Sprühregen aus den Lüftungsklappen zu strömen. Rasch breitete er sich im ganzen Raum aus. Als der Beifall abebbte, war der gesamte Saal in einen feinen Wolkenschleier gehüllt.

"Dann hat Toni sein Vorhaben also tatsächlich ausgeführt!" kommentierte Esther das Geschehen.

Mit einem lauten Murren bekundete Heiner seine Unzufriedenheit mit dem, was er sah. Als ich mich umdrehte, funkelte er mich aus empörten, weit aufgerissenen Augen an.

Ich wandte mich wieder Esther zu: "Ich verstehe nicht ganz … Ist der Nebel etwa Tonis Werk?"

Esther grinste. "Ja. Ihm ist aufgefallen, dass der Drogencocktail durch den Lüftungsschacht in unsere Halle geleitet wird. Und da wollte er eben für eine kleine Umleitung sorgen …"

Es war ein voller Erfolg. Mit den Drogen wurde aus der steifen Veranstaltung eine ausgelassene Party. Leppin bekam einen flackernden Blick, seine Worte verwirrten sich. Aus dem "historischen Moment", den er eben noch herbeigeredet hatte, wurde der "geilste Trip aller Zeiten", aus der weihevollen Feier der Gemeinschaft die orgiastische Beschwörung der Verbrüderung.

Euphorisiert trat er vom Rednerpult an den Bühnenrand und rief in den Saal: "Wollt ihr die totale Party?"

"Jaaaa!" johlte die Menge.

"Dann hebt mit mir ab!" johlte Leppin zurück. "Lasst uns in die neue Zeit fliegen!"

Leppin breitete die Arme aus wie zum Stagediving. Und er hätte wohl auch tatsächlich zum Sprung ins Publikum angesetzt, wenn nicht im selben Augenblick Gitarrenklänge ertönt wären, die ihn wie elektrisiert in die Hände klatschen ließen. Der ganze Saal klatschte mit.

Zwei Musiker waren auf die Bühne gestürmt. Einer schnappte sich das Mikrofon und begann zu singen, der andere begleitete ihn auf der Gitarre. Auf einmal war der ganze Saal von Reggae-Klängen erfüllt.

Auf der Bühne stand Toni mit seinem jamaikanischen Musikerfreund Ronny, der, wie ich später erfuhr, ebenfalls hierher verschleppt worden war. Die Gitarre, die sich die beiden von irgendwoher beschafft hatten, erbebte unter Tonis tanzenden Fingern, während Ronny mit seiner Reibeisenstimme den ganzen Saal in ekstatische Schwingungen versetzte.

Alles schunkelte und klatschte und hüpfte. Und als Ronny die ersten Zeilen von Bob Marleys legendärem Song über das "Babylon System" intonierte, brachen die Zuhörer in lauten Jubel aus. Manche sangen sogar mit, als Ronny den Anfang noch einmal wiederholte:

"We refuse to be what you wanted us to be! We are what we are, that's the way it's going to be ..."

Durch den Bildschirm, vor dem Esther und ich die Party verfolgten, bekam das Geschehen etwas Unwirkliches. Ich konnte kaum glauben, dass das, was sich da vor meinen Augen abspielte, Wirklichkeit war. Aber selbst wenn es nur ein Film gewesen wäre: Es wäre doch der schönste Film gewesen, den ich mir hätte vorstellen können.

Außerdem in unserem Verlag erschienen:

Nadja Dietrich: Der Tote im Reichstag und die verträumte Putzfrau

Was für ein Schock für Lidia Afanasjewna! - Beim Saubermachen der Toiletten im Reichstag findet sie eine Leiche. Wer war der tote Politiker? Und warum wird in den Nachrichten behauptet, er sei in seinem Büro verstorben? Sollte da vielleicht etwas vertuscht werden?

Hardcover, 200 Seiten, 15 €

ISBN: 9783981214970

Nadja Dietrich: Das russische Labyrinth

1992. Die Privatdetektivin Sylvia Wagner wird durch ein Komplott nach Russland gelockt. Dort verirrt sie sich in dem Labyrinth der fremden Kultur, in dem sie als Mordverdächtige gejagt wird, aber auch in dem Labyrinth der eigenen Vergangenheit, auf deren Spuren sie in Russland stößt. Auf ihrem Weg durch die verschiedenen Labyrinthe gerät sie mehrfach in Lebensgefahr, findet aber auch Freunde fürs Leben.

Hardcover, 266 Seiten, 14 €

ISBN: 97829812149-25